KB137644

대구 인물 기행

대구 인물 기행

발 행 | 2014 년 11월 29일

글·사진 | 이정웅
펴낸이 | 신중현
펴낸곳 | 도서출판 학이사

출판등록 : 제25100-2005-28호
주소 : 대구광역시 달서구 문화회관11안길 22-1(장동)
전화 : (053) 554~3431,3432
팩스 : (053) 554~3433
홈페이지 : http : // www.학이사.kr
이메일:hes3431@naver.com

ISBN _ 978-89-93280-87-6 03090

나무와 함께 떠나는

대구 인물 기행

學而思 | 학이사

머리말

나무를 통해 풍요로운 사회를

1970~80년대. 돌이켜 보면 그 때에는 박봉이었고, 휴일도 없이 근무할 때가 많았지만 그래도 공무원을 선택한 것을 자랑스럽게 생각한다.

한 걸음 더 나아가 뿌리 깊은 도시, 대구시의 공무원으로 시민에게 봉사할 수 있었다는 점과 맡은 바 업무가 숲을 보호하고 나무를 심는 산림공무원이었다는 것에 대해서도 큰 자부심을 느낀다.

특히, 대구를 세계적인 숲의 도시로 만들고자 했던 문희갑 시장을 보좌하여 나무 심기에 열정을 펼쳤던 일과 수목원을 조성하는 일에 참여할 수 있었던 행운은 잊을 수 없다.

그러나 도시 한 모퉁이나 마을 어귀를 지키고 있는 크고 오래된 나무 즉 노거수(老巨樹)가 도로건설이나 택지개발 등으로 하루아침에 베어 없어지는 것이 무척 안타까웠다.

온갖 병해충의 위협이나 태풍 등 재난에도 불구하고 굳건히 살아남은 오래된 나무는 그 자체가 귀중한 유전자원이기도 하지만 그가 살아온 세월만큼이나 많은 이야기를 간직하고 있는 생명문화재이다.

그러나 시가지는 산림관련법이 제한적으로 적용되어 법적(法的)으로 보호할 수 있는 장치가 미흡했다. 이런 고민을 안고 있던 중 우연히 본 한 신문의 해외 토픽이 나를 흥분시켰다.

태국의 열대우림이 일부 주민들의 무분별한 도벌로 망가지자 골치를 앓고 있던 정부가 각 나무마다 스님의 이름을 붙였더니 베는 사람이 없어져 보존할 수 있었다는 기사였다.

불교국가인 만큼 아무리 돈에 눈이 먼 사람이라도 스님의 명예를 더럽혀가면서까지 도벌을 감행하지 않았던 것이다.

그러나 문제는 국교가 없는 우리가 취할 방법이었다. 고민을 거듭한 끝에 떠오른 생각이 노거수와 관련이 있는 특정 인물을 찾아 나무에 그 사람의 이름을 붙이면 어떨까 하는 생각이 들었다.

예를 들어 대구가 낳은 천재화가 이인성의 그림에 등장하는 계산성당의 감나무를 '이인성 나무'라고 하여 그가 우리나라 미술계에서 우뚝한 인물이라는 것을 팻말에 새기고, 달성공원의 큰 회화나무를 '서침 나무'라고 하여 사유지(私有地)였던 달성을 나라가 필요로 하자 기꺼이 헌납한 사실을 알리면 애향심이 두터워지고 나무를 보는 태도도 달라져 대구라는 공동체가 훨씬 풍요로운 사회가 될 것이라는 생각이 들었었다.

2003년 전국에서 처음 시도된 이 작업은 당시 ㅇㅇ일보가 1면 기사로 보도할 만큼 반응이 좋았다.

그러나 필자가 퇴직한 이후 더 이상 확대되지 않다가 2010년 아동문학가 심후섭 씨에 의해 기존의 24그루에 21그루를 더해 총 45그루의 나무를 '대구의 인물과 나무'라는 제목으로 보강하는데 그쳤다.

최근 스토리텔링이 보편화되고, 각 지방자치단체가 골목투어, 올레길, 자락길 등을 경쟁적으로 조성하면서 문화관광해설사나 숲해설가를 요소요소에 배치하여 문화재에 대한 해설 이외에 나무이야기까지 곁들이니 내용이 더욱 풍성해지면서 시민들의 반응도 좋아졌다.

그러나 이런 의미 있는 노력에도 불구하고 빠진 나무가 있었다. 기왕이면 한 그루라도 더 발굴하여 우리 모두가 사표로 삼을 만한 관련 인물과 주변에 얽힌 이야기를 추가하여 지역에 대한 이해의 폭을 넓히고 생명문화재인 노거수도 보존하고자 다시 시도하게 된 것이 이 책이다.

마을 어귀나 골목의 끝자락 또는 한 모퉁이에 서 있는 늙은 나무는 비록 말은 못하지만 대구의 역사와 그곳에 살고 있는 사람들의 많은 이야기를 간직하고 있다.

이 책에 소개하는 인물의 면면도 다양하다. 16~17세기 대구의 문풍을 진작시킨 한강 정구와 계동 전경창을 비롯해 낙재 서산원, 모당 손처눌 등 대구에 성리학을 보급한 1세대 인물은 물론 조선의 마지막 황제 순종과 박정희 전 대통령 내외분과 3.1독립운동 민족대표 33인의 한 사람인 이갑성 등 여러 분이고. 이외에도 '뽕도 따고 임도 보고'의 발상지가 우리 대구의 뽕나무골목이라는 사실과 낙동강 제일의 경승지 화원동산이 배성(盃城)이 아니고 상화대(賞花臺)이며, 대구의 향반인 인천 이씨와 능성 구씨, 중화 양씨 등이 언제 대구에 뿌리를 내렸는지 등 다채로운 이야깃거리를 발굴하려고 노력했다.

또한 독립운동가 서재필 박사는 비록 태어난 곳은 전라도이나 윗대가 대구사람이며, 노블레스 오블리주를 몸소 실천한 지리산 운조루의 주인 류이주는 대구에서 태어나 그곳으로 이주한 분이고, 나주의 배진은 500여 년 전 대구에서 그곳으로 거처를 옮겨 많은 인물을 배출한 달성 배씨의 후손이라는 것을 알려 이 시대의 난제인 지역감정 해소에 이바지하고자 하는 뜻도 담아보았다.

특히, 동부교육지원청 전정해님으로부터 우리나라 최초의 여류 비행사 박경원 여사의 학적부를 확보하여 그녀가 1901년생〈대구의 향기, 1982, 대구직할시〉이 아니고 1897년생이라는 것을 새로 알아냈다.

소개된 인물은 모두 50명으로 그 중에는 미국인 2명, 일본인 1명도 포함되었으며, 수종은 느티나무 등 모두 24종이다.

비록 전문성이 떨어지고 내용이 소략(疏略)하지만 이 책을 통해 대구를 조금이라도 더 알고 대구 시민임을 자랑스럽게 여기게 되는 계기가 되었으면 하는 바람이 있다.

또한 무심한 듯 서 있는 나무이지만 많은 이야기를 간직하고 있는 노거수가 잘 보전되었으면 한다.

대구는 인재의 보고라고 할 만큼 훌륭한 인물이 많이 배출된 곳이다. 그러나 연관지을만한 나무가 없어 소개 못한 분이 많아 아쉽다. 훗날 기회가 되면 다른 방법으로 소개해 보고 싶다.

인물을 소개하면서 아호나 관직, 특출한 미담이나 행적, 존칭 등에 잘 못 기술된 부분이 있을 수 있어 미리 양해를 구한다.

전적으로 필자의 불찰이지만 정확한 자료를 구할 수 없었던 한계였다는 점을 이해해 주었으면 한다.

특히, 대구경북연구원(원장, 김준한)은 2009년 〈대구·경북의 명목을 찾아서〉에 이어 금번에도 지원해 주는 은혜를 베풀었다.

올해 고희(古稀)를 맞은 필자로서는 다른 무엇보다 특별한 선물을 받은 셈이다. 45년간 뒷바라지 해준 아내 김순희 여사, 칠순 생일상을 차려준 맏이 이상영, 둘째 이동영, 맏며느리 이경희, 둘째 며느리 홍애식, 멀리 캐나다에서 모처럼 함께 한 손자 이성우, 딸 은정이 모두 고맙다.

무엇보다 병상에 계시며 늘 자식 걱정으로 노심초사하시는 어머님께 두손 모아 감사드립니다.

2014년 11월

이 정 웅

차례

1. 중구지역

2. 동·남구지역

3. 북·수성구지역

4. 달서·달성군·기타지역

1
중구지역

육영사업가 김울산 여사와 동부지원교육청 벽오동나무

개화기를 맞아 뜻있는 인사들에 의해 많은 사립학교가 설립되었다. 대구도 예외가 아니었다. 그러나 의욕에 비해 자금조달 등 어려움이 많아 오래 유지되지 못했다.

대구의 애국부인회장 서주원 여사가 설립한 명신(明信)학교도 예외가 아니었다. 1909년 대구에 온 순종 황제로부터 받은 하사금 200원으로 개교하였으나 두 해를 겨우 버티고 천도교로 경영권이 넘어갔다. 그 후 몇 차례 경영주가 바뀌었다가 1925년 마침내 김울산 여사가 인수했다.

이 미담은 당시 민족의 단합을 표방하던 시대일보(발행인 최남선, 1925. 12. 22.)가 다음과 같은 요지로 보도했다.

'대구의 독지가 김울산 여사가 71세라는 고령에도 불구하고 명신학교를 인수했다. 남산동 아미산록에 2,000평을 구입하여 3만원으로 건물을 짓고, 매년 3,000원을 출연하여 학교를 경영하기

남산동시절의 복명학교 교목 벽오동

로 했다. 이에 서병오 등 대구의 유지들이 동상을 세우기로 했다. 김 여사는 학교 이름을 복명여자보통학교로 바꾸고 개교를 준비 중이며 유치원도 설립할 계획이다.'라는 기사다.

복명(復明)이란 조국의 광복을 의미하는 뜻이라고 한다. 그 후 복명학교는 남학생 취학 인가를 받아 복명보통학교로 이름을 바꾸어 자라나는 꿈나무들의 배움터가 되었다. 그러나 도시의 공동화로 학생이 줄면서 1999년 마침내 남산동시대를 마감하고 범물동으로 옮겨 오늘에 이른다.

그러나 김울산 여사가 암울했던 시대에 교육의 중요성을 깨닫고 거금을 희사한 분이라는 것 이외에는 자세히 알려진 바가 없다.

김울산 여사

김울산 여사는 1858년(철종 9) 울산에서 통정대부를 지낸 아버지 김철보(金哲甫)씨와 어머니 이봉순(李奉順) 여사 사이에 두 딸 중 맏이로 태어났다고 한다. 16세 때 아버지를 여의고 가장이 됐다.

통정대부라면 정3품의 벼슬로 지체 높은 집안에서 곱게 자랐을 것으로 생각된다.

그러나 어떤 연유였던지 '향이(香伊)'라는 이름의 관기(官妓)가 됐다. 푼푼이 모은 돈으로 정미소와 술집을 경영하면서 재력을 키웠다고 한다. 흥선 대원군으로부터 상당한 땅을 하사받았다는 설도 있다.

거처는 동산동(구 동산파출소 부근)이었다. 대구천 주변이라 범람이 잦은 곳이다. 수해를 막기 위해 사재로 둑을 쌓고, 이재민이 생기면 도와주었으며, 흉년이 든 해에는 많은 양의 쌀을 내놓기도 했다고 한다.

대구를 비롯해 현풍, 고령, 하양 등에 땅을 부치는 소작인들에게도 너그럽게 대해 후한 인심으로 소문이 자자했다. 그러나 자신에게는 극도로 인색해 문풍지가 찢어지면 헌 종이로 때워 바르고, 빗자루도 몽당비가 될 때까지 사용했다고 전한다. 대구시가 도로를 개설할 때에도 편입된 많은 땅을 희사하는 등 사회사업에 헌신했다.

1936년 여사의 청동좌상이 복명학교에 세워졌으나 2차 대전 당시 일제가 공출해 가고 대신 돌로 작은 흉상을 만든 것이 현재 범물동 새로 지은 교사에 있다.

여사는 1944년, 그토록 바라던 조국의 해방은 보지 못하고 87세를 일기로 가장 천하게 여겼던 기생으로 출발해 가장 존경 받는 육영사업가로 파란만장한 일생을 마감했다.

북구 조야동에는 당시 여사의 전답을 소작하던 농민들이 고마움을 잊지 않기 위해 세운 송덕비 2기가 있다.

학교의 이름을 바꿀 만큼 깊은 애정을 가졌고, 그토록 하고 싶어 하던 인재양성을 위해 거금을 투자했던 옛 복명학교(현 동부교육지원청)에서 여사를 추모할 수 있는 것이라고는 당시 복명학교 교목(校木)이었던 벽오동나무밖에 없다.

이 나무를 '육영사업가 김울산 여사나무'라고 명명하고 표석이라도 하나 설치해 여사를 기렸으면 했는데 권충현 동부교육지원청 교육장이 '김울산 여사 육영 기념상(記念像)'을 만들었다.

벽오동나무는 상서로운 새, 봉황이 깃든다는 나무다. 그러나 현재 범물동으로 이전한 학교의 교목은 느티나무여서 설립 당시의 전통이 이어지지 못하는 것 같아 아쉽다.

대구를 사과의 고장으로 자리매김하게 한
의료선교사 존슨과 청라언덕의 사과나무

대구하면 지금도 사과를 연상할 만큼 한 때 사과의 명산지였다. 그러나 도시화와 지구온난화의 영향으로 동구 평광동 등 일부지역을 제외하고는 사과밭을 구경하기 어렵다.

대구가 사과도시로 명성을 얻은 것은 1899년 선교사들이 포교용으로 들여와 교우들에게 나누어 준데서 시작되었고 이어 1904년 일본인들이 정착하여 상업적으로 재배하기 시작하였다. 그러나 그때 들어온 나무들은 수명이 다해 흔적도 없이 사라졌다.

그런데 1999년 동산의료원이 개원 100년을 맞아 초대 원장을 역임했던 존슨이 처음으로 가져와 심은 사과나무의 2세목을 발견해 동산에 심었다. 그때 필자는 대구를 상징하는 귀중한 생명문화유산이 살아있다는 기쁨에 수령이 70년 정도 밖에 되지 않았고 그나마 노쇠해 받침대에 의지해 겨우 목숨을 부지하고 있는 2세목을 보호수로 지정하도록 조치했었다.

가을에 찾았더니 열매가 너무 작아 원조 사과나무의 2세목이

의료선교사 존슨이 대구 최초로 도입한 사과나무의 2세목

아닌 것 같은 의문이 들었고, 면밀하게 검토하지 아니하고 지정하도록 한 것 같아 내심 후회스러웠다.

이런 아쉬운 생각을 떨쳐버리지 못한 나는 대구사과에 대한 내력을 새로 조사하고 싶었다.

가장 오래된 문헌은 일제강점기에 간행한 《대구부사(大邱府史)》(우에노 히꼬하찌, 1943)였다.

그 책에는 1892년 영국인 선교사 푸레처(A. G. Flecher)가 '스미스사이드', '레드베아민', '미조리' 등 3개 품종을 가져와 자택에 심었다고 했다.

다음은 《대구시사》(대구광역시, 1995)로 역시 1892년 영국인 선교사 플레처에 의해 소개된 후 대구 농업의 상징이 되었다고 했다.

그 후에 나온 《경북능금백년사》(1997년 3월)도 역시 위의 두 책의 내용을 그대로 따랐다.

플렛처 도입설에 대해 처음으로 이의를 제기한 사람은 박영규(전 대구MBC 전무)였다. 그는 〈대구능금 내력의 오류, 중악집 제2호, 1992년〉에서 《대구부사》나 《대구시사》의 잘못을 지적하면서 대구에 최초로 서양사과나무를 도입한 사람은 닥터 존슨(한국명, 장인차)이라고 주장했다.

그러나 《동산의료원 100년》(계명대학교 동산의료원, 1999)에는 존슨 한 사람만이 아니라, 계성학교설립자 에덤스(한국명, 안의와)도 있었으며 '사과나무를 수입 보급하는 방법에 있어서 존슨은 묘목을 수입 분배한 것이고 에덤스는 접목한 후 분배한 것에서 차이가 있었고, 수입처도 존슨은 미조리 주이고, 에담스는 켄서스 주라는 사실이 다르다.'라고 했다.

이러한 자료들을 종합해 볼 때 《대구부사》나 《대구시사》, 《경북능금 100년사》는 하나 같이 오류를 범했다. 그들이 최초로 대구에 사과나무를 들여온 사람으로 지목한 플레처는 존슨 후임으로 2대 동산의료원장으로 재임(1911~1941)한 사람이기는 하나, 국적도 영국이 아니고 영국계의 미국인이며, 사과도입과는 무관한 인물이었다.

결론적으로 말하면 대구에 사과나무가 최초로 도입된 해는

일반사과(왼쪽)와 존슨의 사과(오른쪽)

1899년이고, 보급한 사람은 존슨과 에덤스 두 사람이다.

현재 동산의 2세목은 존슨이 보급한 1세목에서 떨어진 씨앗이 발아된 것이다. 따라서 퇴화되어 열매가 작을 수밖에 없었다.

2세목이 언제 고사(枯死)할지 모르자 최근 대구시가 접목묘를 생산해 주변에 새로 심었다. 비록 사과나무 한그루에 불과하지만 대구의 상징이자 부(富)를 제공했던 소중한 자원의 명맥을 잇게 했다는 면에서 매우 뜻있는 일을 했다.

존슨은 사과보급뿐만 아니라, 동산 의료원 초대원장으로 환자 치료는 물론 의학교육과 천연두예방 등 의료선교활동에도 크게 기여했다.

국채보상운동을 주도한 서상돈 선생과 천주교 대구교구청 히말라야시다

대구의 브랜드가치가 높아진 것은 신라 제31대 신문왕(재위 681~692)이 대구로 천도(遷都)하려 했던 것과 임란 후 경상감영이 설치되고 지방행정의 중심지가 되고부터이다.

그러나 전 국민에게 널리 알려진 것은 국채보상운동을 주도하고부터라고 할 수 있다. 남녀의 차별이 극심했고, 반상(班常)의 차이가 엄격했던 시절, 성별과 연령, 신분의 귀천을 가릴 것 없이 민족 전체가 참가한 국채보상운동은 전 국민의 자랑거리이자 다른 도시의 사람들이 부러워했던 대구사람 그 중에서도 서상돈 선생이 주도한 민족자존, 자강운동이었다.

선생은 세례명이 아우구스티노로 1850년(철종 1) 아버지 서철순과 어머니 김해 김씨 사이에서 김천시 지좌동에서 장남으로 출생했다. 증조부 때부터 천주교 가문이 되었고, 1801년(순조 1) 신유박해 때 강원도와 충청도로, 1839년(헌종 5) 기해박해 때에는 경상북도 문경, 상주 등지로 피난하였다가, 1859년(철종 10) 대구 죽전에 정착했다.

1866년(고종 3) 병인박해 때는 신앙문제로 문중에서 쫓겨나고 가산도 탕진했다. 1868년 선생의 나이 18세 때 쌀, 소금, 지물(紙物) 및 포목상을 시작하여 상당한 부를 축적했으며, 이후 정부의 특명으로 경상도 시찰관에 임명되었다.

이때부터 대구천주교회 로베르(Robert, A. J., 金保祿)신부를 중심으로 교회발전에 힘썼다. 시찰관에서 퇴임한 뒤 실업계의 중진으로 대구의 경제권을 좌우할 만큼 갑부 대열에 들었다.

그 뒤 대구대교구가 설립되자 이의 발전에 힘쓰면서 성직자 돕기와 수녀 보호에 솔선수범하였다.

한편, 외세의 국권침탈에 맞서 독립협회 재무부 과장 및 부장급 일원으로 활약하였다.

1907년 2월 16일 대구광문사(廣文社)에서 그 명칭을 대동광문회(大東廣文會)로 개칭하기 위한 회의를 마친 뒤 담배를 끊어 국채 1,300만 환을 보상할 것을 제의하였다.

이에 참석한 회원들이 2,000여 환을 갹출하고, 이 운동을 전국적으로 전개하기로 하고 〈국채보상취지서〉를 작성, 발표했다.

국채 1,300만 환은 대한제국의 존망에 직결된 것으로, 2,000만 국민이 3개월 동안 흡연을 하지 않고 그 대금 20전씩을 거둔다면 1,300만 환을 모을 수 있으며, 나머지는 특별 모금한다는 것이었다.

이후 대구광문사 사장 김광제(金光濟) 등과 함께 전개한 국채보

국채보상운동을 주도한 서상돈 선생이 심은 천주교 대구교구청 앞 히말라야시다

상운동은 황성신문, 대한매일신보, 제국신문 등을 비롯한 민족 언론기관들의 적극적인 호응을 얻어 전국적인 운동으로 발전하였다.

그러나 일제의 탄압으로 실패하고 말았다. 그때 모인 자금은 그 뒤에 전개된 민립대학 설립운동에 쓰였다. 1913년 63세로 돌아가시고 묘지는 범물동 천주교묘역에 있다.

대구교구청에 선생이 심은 히말라야시다가 있다. 교구청 내에는 성모당, 성 김대건기념관 등이 있는 대구가톨릭의 심장부이다. 그 입구 계단 양쪽에 크기와 굵기가 비슷한 두 그루가 나란히

천주교 대구 교구청 안에 있는 서상돈 상

서 있고 그 밑에 서상돈 수식(手植)이라고 쓴 표석이 있다.

아쉽게도 심은 연도와 목적이 없어 언제, 무엇 때문에 심었는지 알 수 없었다. 일대는 선생이 희사한 땅인 만큼 대구대교구가 설정된 것을 기념하기 위한 것이 아니었을까 생각된다.

히말라야시다는 우리말로는 개잎갈나무라고 한다. 성서에서는 백향목(柏香木)이라고 하며 구약성서에 무려 70여 회나 등장하는 성스러운 나무다.

예수님이 십자가에 못 박혀 돌아가실 때 기둥으로 사용되어 천주교와 무관하지 않은 나무이기도 하다.

달성을 지키려고 노력한 관찰사 이용익과 달성공원 참느릅나무

대구에 최초로 거주한 일본인은 오카야마현(岡山縣)에서 온 히자쓰끼(膝付)와 무로(室) 두 사람이었다고 한다. 대구부사 1893년(고종 30) 9월, 대구에 정착하여 남문 안에 자리잡고 의약품과 잡화를 팔았다고 한다.

그 후 경부선철도 개통을 전후하여 많은 일인들이 몰려와 1904년(고종 41)에는 1,000여 명에 달했다고 한다. 이때 대구의 인구는 약 5~7만 명 정도였다.

주로 철도 건설에 종사하는 기술자들이었지만 생필품을 파는 상인이나 투기꾼, 여관, 요리점 등을 경영하며 돈을 벌려는 사람들이었다고 한다.

이렇게 사람들이 늘어나자 그들은 '대구일본동포회'를 조직하여 대구 제일의 경승지 달성에 천황을 기리는 요배전(遙拜殿)을 지으려고 했다.

그러나 당시 관찰사 이용익(李容翊 1854~1907)은 국산품을 장려한

달성공원 안에 있는 참느릅나무

다며 달성 서씨들로 하여금 뽕밭을 조성하도록 하고 그들의 요구를 거절했다. 또한 그들이 우리나라 사람 소유의 토지를 사는 것조차 금지시켰다.

만약 어기는 사람이 있으면 잡아서 감옥에 가두기까지 했다. 따라서 대구에 거주하던 일본인들로서는 이 관찰사가 눈에 가시였다.

급기야 관찰사의 집무실인 선화당 앞에서 차별이 부당하다며 시정을 요구하는 집단시위를 벌이기도 했다.

수비대장 히타카(日高才二) 대위와 친일파 군수 박중양의 위협적인 중재(?)로 구속된 자를 석방하였음은 물론 이 관찰사는 황실의 회계심사국장으로 전보되고 말았다.

아호가 석현(石峴)인 이용익은 1854년(철종 5) 함북 명천에서 태어났다. 본관은 전주로 아버지는 고산현감을 지낸 병효(秉斅)였다. 선대는 무과출신으로 한미한 집안이었으나 금광에 투자하여 부자가 되었다.

1882년(고종 19) 임오군란이 일어나자 명성황후를 장호원으로 피신시키고 민영익과의 사이에 비밀연락을 담당하여 그 공로로 감역(監役, 종9품. 토목·건축공사 감독)을 제수받았다.

초기 관직생활은 순탄하지 않았으나 광산 경영에 대한 탁월한 능력을 인정받아 함경남도 광무감리로 임명되어 그 지역 광산 업무를 총괄했다.

러, 일 전쟁이 일어날 무렵 탁지부대신(오늘날 기획재정부장관)으로서 조선의 중립을 주장하며 독립을 유지하려는 외교활동을 벌였으며, 일본이 한일의정서의 체결을 강요하자 강력히 반대했다. 일본은 그가 조선의 식민지화에 방해가 된다고 하여 일본으로 압송해 10개월간 감금하기도 했다.

1905년 귀국하여 보성 중·고등학교, 보성전문학교(현 고려대)를 설립했다. 이후 군부대신에 임명되어 중앙정계에 복귀했으나 일본의 공작에 의해 다시 강원도관찰사로 좌천되었다. 그러나 부임하지 않고 고종의 밀명(密命)을 받고 비밀리에 출국하여 을사조약 체결의 부당성을 세계열강에 알리려고 했다.

달성을 일본인으로부터 지키려고 노력한 관찰사 이용익

프랑스로 향하던 중 중국에서 일본 관헌에게 붙잡혔고 조정에서는 비밀이 탄로 날 것이 두려워 그의 공직을 박탈했다.

1907년(순종 1) 2월 페테르부르크에서 친일파의 사주를 받은 김현토의 총을 맞고 병을 얻어 블라디보스토크에서 운명했다. 왕권강화로 일본을 배척하고 러시아 등 열강의 보장 하에 조선의 독립을 이루려고 했던 우국 지사였다. 시호는 충숙(忠肅)이다.

공은 1905년 2월 17일부터 1905년 5월 18일까지 3개월여 경북도 관찰사로 재임했다. 그 와중에도 대구의 상징이자 대구시민의 자존심인 달성을 지키려고 노력한 훌륭한 목민관의 자세를 보였다.

공의 고뇌하는 모습을 지켜보았을 공원 내 잔디광장의 오래된 참느릅나무를 '관찰사 이용익나무'라고 하여 그를 기렸으면 한다.

참느릅나무는 풀뿌리와 나무껍질로 목숨을 부지했던 시절 어린잎을 식량대용으로 먹었던 구황식물(救荒植物)이다.

경상감영을 유치한 체찰사 한음 이덕형과 선화당 앞 회화나무

757년(경덕왕 16) 최하 말단기관인 대구현(大丘縣)에서 1419년(세종 1) 차 상위 기관인 대구군(大丘郡)으로 승격하기까지 무려 662년이 걸렸다. 1601년(선조 34) 감영이 설치되고 지방행정의 수장 관찰사가 집무하면서 비약적인 발전을 할 수 있었다. 당시 감영(監營)은 행정은 물론 사법, 군정까지 통괄하는 기관이었다.

경상감영은 한때 경주, 상주 등에 있다가 임란 중에는 북구 읍내동일원에 2년 8개여 월 있은 후, 안동으로 갔으며 다시 대구의 지금의 자리로 이전되었다. 《대구부사》나 《대구시사》는 그 이유를 3가지로 요약하고 있다.

첫째, 군사작전상 중요한 곳이라는 것이 인식되었다. 임란 중 조선군은 물론, 왜군, 명나라 군까지 진주했다. 심지어 왜란의 주범 풍신수길은 조선에 출병한 왜군 지휘총본부를 대구에 두고자 했다.

둘째, 상주나 안동, 경주는 한쪽에 치우쳐 경상도 전체를 통할

(統轄)하기 어려운 데 비해 대구는 경상도의 중앙이라는 지리적 이점이 있기 때문이다.

셋째, 평야가 넓고 기름져 농산물이 풍부하고 큰 장 등을 통해 물자의 조달이 용이하고 육운(陸運)과 수운이 편리했다. 그러나 경상감영이 대구에 오게 된 가장 직접적인 원인은 한 관리가 조정에 올린 보고서 때문이었다.

《대구부읍지》에 "체찰사(비상시 군대를 지휘하는 직책) 이덕형이 장계(狀啓)하여 본부(대구부)에 유영(留營)하여(감사로 하여금) 부사(府使)를 겸하게 하고(부에는) 별도로 판관을 설치할 것과 경산, 하양, 화원 등 여러 현을 본부에 편입시키도록 청하였다."라고 기록되어 있다. 즉 체찰사 이덕형(李德馨 1561~1614)이 임금께 보고하여 감영이 대구로 오게 되었다. 이후 대구는 1895년 부제(府制)를 실시할 때까지 294년 동안 경상도(오늘날 대구, 부산, 울산, 경북, 경남) 제일의 도시로 위상을 높일 수 있었고, 더 나아가 국제도시로 발전할 수 있게 되었다. 따라서 오늘의 대구가 있기까지 제일의 공로자는 한음(漢陰)이라고 할 수 있다.

공은 본관이 광주(廣州)로 1580년(선조 13) 문과에 급제해 승문원의 관원이 되었으며, 그 뒤 여러 벼슬을 거쳐 임진왜란 때 정주까지 왕을 호종했고, 명나라와 교섭해 파병을 성취시켰다.

1593년 병조판서, 이듬해 이조판서로 훈련도감 당상을 겸하였다. 정유재란이 일어나자 명나라 어사 양호(楊鎬)를 설복해 서울의 방어를 강화하는 한편, 명군과 울산까지 동행, 그들을 위무하

감사의 집무실인 선화당 앞의 회화나무

체찰사 한음 이덕형 영정
(충남 문화재자료 제298호)

였다. 그 해 우의정에 승진하고 이어 좌의정에 올라 훈련도감 도제조를 겸하고 그 후 영의정에 이르렀다.

1601년 경상·전라·충청·강원 4도체찰사를 겸해 전란 뒤의 민심 수습과 복구에 노력하였다. 1613년(광해군 5) 관직에서 물러나 나라를 걱정하다 병으로 돌아가셨다.

어렸을 때 이항복과 절친한 사이로 기발한 장난을 잘해 많은 일화를 남겼다. 글씨에 뛰어났고 포천의 용연서원, 상주의 근암서원에 제향되었으며 저서로 《한음문고》가 있다. 시호는 문익(文翼)이다.

경상감영공원 선화당 앞에는 감영의 역사와 함께했을 수령을 알 수 없는 오래된 회화나무가 있다. 이 나무를 '체찰사 한음 이덕형나무'라고 하여 대구 발전의 전기를 마련해 준 고마움을 잊지 않았으면 한다. 아울러 감영이 옮겨온 날을 시민의 날로 지정했으면 한다.

당시 감사는 선산인 김신원(金信元 1553~1615, 재임기간 1600. 3.17.~1601. 10.)이었다.

가난한 사범학생 박정희 전 대통령과 경대 사대 부설 중·고교의 수양버들

박정희 전 대통령은 경상북도 구미 출신이다. 그러나 대구와도 많은 인연을 가지고 있으니 대체로 3기로 나누어 볼 수 있다. 대구사범학교시절과 육영수 여사와의 신혼시절, 2군부사령관 재직 시절이다.

특히, 민족차별을 뼈저리게 느끼며 교육을 받았던 사대부중고, 결혼식장이었던 계산성당, 군인으로 몸담았던 무열대, 동지들과 어울려 다니며 혁명을 모의했던 요정 청수원 등은 그의 자취가 또렷이 남아 있는 곳이다.

따라서 인간 박정희에게 대구의 어느 한 곳 소중하지 않는 곳이 없을 것이지만 그 중에서 한 나무와 맺은 특별한 인연도 빼 놓을 수 없을 것이다.

구미공립보통학교를 졸업한 15세의 소년 박정희는 1932년 그해 대구사범학교에 입학했다.

남들이 점심을 먹을 때 도시락을 싸 올 수 없었던 가난한 학생 박정희가 몸을 숨기고 나팔을 불며 주린 배를 달랬다는 수양버들

정원 100명(한국인 90명, 일본인 10명)인데 총 응시자는 1,070명이었다. 학비를 댈 엄두도 못 냈던 가족들은 내심 진학을 포기했으면 했다고 한다.

그러나 담임과 교장이 설득하여 마지못해 응시한 것이 합격했고, 입학성적은 51등이었다.

구미보통학교에서 대구사범학교에 입학한 학생은 그가 처음이어서 구미지역의 자랑이었다.

그러나 열심히 공부하여 장래 훌륭한 인물이 되겠다는 그의 꿈은 입학식과 함께 깨어지고 말았다. 모두가 천황 폐하의 충실한 백성이 되어야 한다는 교장의 훈시가 그를 실망시켰기 때문이다.

일본인 상급생에게 경례도 하지 않았고, 사진첩에도 단기(檀紀)를 사용하는 등 말썽을 피우기도 했다고 한다.

대구사범은 전국의 수재들이 모인 학교답게 민족의식도 강했다. 사회주의자 현준혁 선생이 불쏘시개 역할을 했다. 그는 한국

학생들의 문맹퇴치운동을 격려했고, 광주학생운동의 당위성을 설명하면서 배일사상을 강조하다가 일경에 적발되어 37명이 구속되고 9명이 기소되는 이른 바 '교유 및 생도비밀결사사건'을 주도했다.

이런 분위기는 학생 박정희에게도 영향이 미쳤다. 결석이 잦고 학습 의욕이 떨어졌다. 정규과목보다 고전, 역사, 소설, 전기 등 다양한 교양서적들에 심취했다. 훗날 생각이 깊고 감정이 섬세한 이유는 바로 이런 많은 양의 독서에서 길러졌다고 한다.

동기생으로 문화방송 사장을 지낸 조증출은 박정희 전 대통령의 학교생활에 대해 '특히 국사에 흥미를 가지고 있었던 것이 기억난다. 기숙사생활은 대체로 유쾌하고 유익했다. 박정희 인품은 이 기숙사생활을 통해 배양되었다고 해도 과언이 아니다. 단체생활을 5년간 해왔기 때문에 공덕심과 희생적 봉사정신을 도야하게 되었고, 소아를 대의적 입장에서 버릴 수 있는 정신적 소지를 함양하였다'라고 증언했다.

졸업할 때 성적은 좋지 못했다. 식민지 교육정책에 대한 불만과 가난한 집안형편이 겹치면서 의기소침해질 수밖에 없었다.

가난했던 그는 동료들과 같이 점심을 먹을 수가 없었다. 기숙사로 달려가 즐겨 부르던 나팔을 가지고 밖으로 나와 학교 옆 구석진 곳으로 갔다.

그곳에는 수양버드나무가 가지를 늘어뜨리고 있었다. 그는 나뭇가지에 몸을 숨기고 동급생들이 점심을 먹는 동안에 가져간 나

동문들이 세운 기념비

팔을 힘껏 불며 잠시나마 배고픔을 잊고 서러움을 하늘 높이 날려 보냈다.

그 때 뼈저린 경험이 훗날 이 땅에 가난을 몰아내는 일에 큰 영향을 주었다고 한다.

지금도 부속중고등학교 교정에는 그가 나팔을 불었던 수양버들 두 그루가 있다. 한 그루는 그대로 남아있고 다른 한 그루는 교사(校舍)를 새로 지으면서 정문 입구로 옮겨 놓았다.

장애우들에게 희망을 전해준 성녀 헬렌 켈러 여사와 청라언덕의 측백나무

60년대 청소년기를 보낸 사람들에게는 필수과목처럼 읽던 책이 《헬렌 켈러 여사 전》이었다.

장님, 벙어리, 귀머거리라는 세 가지 고통을 극복하고 저술가, 사회사업가로 성장한 그녀의 초인적인 노력에 대한 깊은 감명은 오랜 세월이 지난 지금도 가슴 깊은 곳에 남아 있다. 그런데 《대구 신택리지》(거리문화시민연대, 2007)를 읽다가 신선한 충격을 받았다.

세계적인 인물인 그녀가 동아시아의 조그마한 나라 조선, 그것도 대구 동산의 신명학교에 와서 나라 잃은 슬픔으로 실의에 빠져있던 소녀들에게 "미래 코리아의 역사를 어깨에 짊어질 신명의 딸들이여! 꿈을 가져라! (Girls Be ambitious) 하나님이 택한 딸로서 받은 달란트를 최대한 살려 아름다운 작품이 되라."고 역설했다고 한다.

그녀가 신명학교를 방문했다는 것은 신명만의 자랑이 아니라 대구의 자랑이기도 하다. 그런데 대구시립 근대역사박물관에는

"그녀는 장애자의 생활환경과 복지 상태를 조사하기 위해 식민지 조선을 방문하였다. 역사적인 대구방문은 1937년 7월 13일 오전 9시 45분 대구역에 도착하면서 이루어졌다. 당시 언론은 삼중고(三重苦)의 성녀라 칭송하였다. 그녀는 자신을 보기위해 모여든 군중에게 특유의 은근한 미소를 보이며 일일이 인사를 나누면서 대구공회당에서 역사적인 강연을 하였다. 그녀는 '사방에 좋은 산과 향기로운 능금나무가 몰려있는 풍치 좋은 대구에 온 것을 기쁘게 생각합니다.'라며 강연을 시작했다. '조선부인에 특별히 할 말이 없는가?'라는 기자의 물음에 장애우에 대한 사회적 관심과 관련시설의 확충에 앞장서 달라는 취지의 답변을 했다. 그녀는 역사적인 강연 뒤 서울로 향했다."라고 기록되어 있다.

신명학교에서 강연했다는 내용은 전혀 없고, 대구방문 날짜도 차이가 있었다. 근대역사박물관은 시립(市立)인 만큼 개인의 저술인 《대구신택리지》의 기록이 잘못될 수도 있을 것 같아 최종적으로 학교 측의 사료로 확인하는 것이 바람직하다는 생각이 들었다.

신명학교 하태길 행정실장을 소개받고 《신명100년사, 1907~2007》(이하 100년사)와 헬렌 켈러 친필 수기(手記)가 있는 복사본 사진을 얻었다

《100년사》에 의하면 그녀가 신명동산을 방문한 것은 1937년 6월 12일 오후로 《대구신택리지》와 차이가 없었다. 그러나 근대역사박물관은 7월 13일이라 하여 차이가 있다. 한 달여 시차를 두고 대구를 두 번 방문했을리는 없으니 이 점 분명히 정리되었으면

성녀 헬렌 켈러여사의 신명학교방문을 지켜보았을 측백나무

한다.

《100년사》는 당시의 신명동산 방문 모습을 다음과 같이 생생하게 묘사하고 있다.

이날 폴라드 교장 사택 옆의 잔디밭에서 큰 꿈을 안은 전교생 167명이 영롱한 눈빛을 반짝이며 유창한 지화술(指話術 - 수화에서, 한글 자모음이나 알파벳, 숫자 따위를 각각 손가락으로 표시하는 방법)로 조선의 풍토와 조선인의 인정미를 극구 예찬하는 헬렌 켈러 여사의 연설을 들었는데 포리 톰슨 여사가 소리 통역을 하고 방해례(폴라드 교장의 한국식 이름) 선생이 우리 말 통역을 했다.

불과 77년 전의 일이다. 흔히 있는 기념식수의 흔적이 있느냐

헬렌켈러 여사와 그의 싸인

가운데 꽃다발을 들고 있는 이

고 물어 보았더니 없다고 했다. 교정을 살펴보니 교목(校木)으로 지정된 큰 은행나무 이외에는 역사가 오랜 학교가 거의 다 그러하듯 히말라야시다가 주종을 이루고 있었다.

의외로 정문 앞에 수형이 반듯하고 수령이 비교적 오래된 - 장님인 그녀는 볼 수 없었지만 그녀가 신명동산을 방문하는 모습을 지켜보았을 - 측백나무가 있었다. 이 나무를 '헬렌 켈러나무'로 이름 하여 그녀의 자랑스러운 신명동산 방문을 널리 알리고 싶다.

3·1운동 민족대표 이갑성 선생과 신명학교 교정의 향나무

여자사립학교의 명문 신명학교는 시대의 변화에 맞춰 남녀공학으로 바뀌어졌지만 출발 당시에는 여성의 지위향상과 복음을 전파하기 위해 설립되었다.

1907년 개교했으나 출발은 그 5년 전인 1902년으로 거슬러 올라간다. 선교사 부해리의 부인 부르엔(Bruen)여사가 의료선교사 존슨(Johnson, 동산의료원 초대원장)의 부인 에디스 파커(Parker)의 바느질 반과 놀스(Nourse)라는 처녀가 가르치던 14명의 소녀를 인수하여 신명여자소학교를 설립하니 이때가 1902년 5월 10일로 대구 최초의 근대여성교육기관이다. 이후 1907년 10월 23일 부르엔 여사가 남산정 동산(현 동산길 17)에 신명여자중학교를 개교했다. 1951년 8월 31일 여중, 여고가 분리되어 오늘에 이른다.

행정실의 이상호 선생으로부터 교정의 한 나무를 소개받으니 1975년 이갑성(李甲成) 선생이 심은 향나무였다.

선생은 본관이 경주로 아호는 연당(硏堂)이다. 1886년 대구에서

이갑성 선생이 심은 향나무

태어나 1915년 세브란스의학전문학교를 졸업했다. 1919년 최연소자로 청년층을 대표하여 3·1운동 민족대표 33인의 한 사람으로 민족독립선언서에 서명했다.

세브란스의학전문학교를 비롯한 각 급 학교의 시위운동을 주도하고 태화관을 중심으로 한 민족대표의 서명운동과 전단 살포의 중책을 맡아 활동하다가 체포되어 옥고를 치렀다.

1926년 YMCA의 이사를 맡아 청년들을 지도하였으며, 1931년 경성공업의 지배인을 지냈다. 같은 해 신간회사건으로 상해로 망명했다가 귀국한 뒤 1940년 흥업구락부사건으로 체포되어 7개월간 옥고를 치렀다.

해방 후 독립촉성국민회 회장을 지냈으며, 1947년 김규식 등과

신명학교 3. 1 운동 기념탑

협력해 과도입법의원의 의원으로 활동했다. 1950년 제2대 민의원에 당선됐고, 1952년 국민회의 최고위원에 추대되었다.

1953년 자유당 최고위원에 임명되었고, 33인 유족회장, 국산부흥회장 등을 역임했다. 1963년 민주공화당 창당 발기위원을 지냈고, 1965년 광복회장, 이준열사기념사업회 총재를 맡았다.

삼일동지회 고문을 지내고 80세 이후에는 민족대표 33인의 유일한 생존자로서, 해마다 거행되는 3·1기념행사에 참석하다가 1981년 95세로 돌아가셨으며 1962년 건국훈장 대통령장을 받았다. (참고자료 : 한국역대인물종합정보시스템)

《신명100년사》에서는 1972년 제65주년 개교기념으로 '신명

3·1운동 기념탑'을 건립한 것을 치하하기 위해 방문했다고 한다. 나무는 그때 심은 것 같다. 그러나 최근 보도(매일신문 2013. 12. 7.)에 의하면 설립자의 남편 부해리는 우리나라에서 최초로 소년야구단을 만들었고 14세 소년이었던 이갑성은 그 단원이었다고 하니 이런 겹친 인연으로 신명동산을 찾은 것이 아닌가 한다.

《신명 3·1운동약사》는 1919년 3월 8일 대구만세운동의 그날을 다음과 같이 기술하고 있다.

'교사 이재인과 졸업생 임봉선, 이선애 재학생 50여 명이 한 마음이 되어 '대한독립만세'를 불렀다. 추애경, 최정술을 비롯한 일부 학생들은 대구만세운동의 시발점인 큰 장터에서, 이영현을 비롯한 통학생들은 동산교 근처에서, 그리고 김학진을 비롯한 20여 명의 기숙사생들은 약전골목에서 시민들과 합류함으로써 대구의 만세운동은 절정을 이루었다.이에 다급해진 일본 경찰은 헌병과 육군병력을 동원하여 총칼로써 우리 학생들과 시위 군중들을 마구 두들겨 패면서 잡아갔다. 이때 붙잡힌 학생들은 두 주간 구류에 처해졌으며 이선애는 6월, 이재인, 이봉선은 1년의 선고를 받고 고통스런 옥살이를 치렀다.

- 중략 -

신명의 3·1만세운동은 국권회복과 여권신장을 목적으로 하는 대한애국부인회와 조선여자기독청년회의 활동을 통해서 꾸준히 계승·발전되었으며 광복의 밑거름이 되었다.'

뿌리 깊은 사학 명문 신명학교의 자랑스러운 모습이다.

조선의 마지막 황제 순종과
달성공원 가이즈까 향나무

모 시민단체 대표로부터 "대한제국의 2대 황제인 순종(純宗)이 대구에 왔을 때 심은 나무가 있다는데 알고 있느냐?"는 전화가 왔었다. 모른다고 대답하고 전화를 끊었으나 조금은 당혹스러웠다.

현직에 있을 때 나무를 많이 심고, 보호수 지정도 획기적으로 늘렸는데 평민도 아닌 황제가 심었다는 나무를 모르고 있다니 말이 되느냐 하는 생각이 들었기 때문이다.

자료를 찾아보니 《대구물어大邱物語》에 자세히 언급되어 있었다. 이 책은 일본인 카와이 아사오(河井朝雄)가 쓴 것으로 향토사학자 고(故) 손필헌님이 번역한 것이다.

지존인 황제의 순행(巡幸) 모습을 일본인이 쓴 책을 통해 알 수 있는 아이러니에 또 한 번 충격을 받았다. 《대구물어》는 관찬인 《대구부사大邱府史》와 함께 일제강점기의 대구를 이해하는 데 중요한 사료다.

'1909년 1월 7일 오후 3시 20분 궁정열차로 대구에 도착하셨다. 하늘에 영광이요, 땅에는 축복이라 한·일 수많은 민중이 천지를 흔드는 환호 속에서 임금님이 탄 수레를 맞이하였다.

폐하의 차가 출발하자 군악대가 국가를 취주(吹奏)하는데 그 장엄한 기운이 사방을 제압하고, 맞이하는 관리나 시민 모두가 최고의 경례를 드리는 가운데 폐하는 덮개가 없는 수레에서 가볍게 인사하시며 숙소에 들지 않으시고 의장병(儀仗兵)을 앞세워 행렬도 엄숙한 도열 속으로 지나셨다.

- 중략 -

폐하께서는 남한 순행의 첫날을 대구에서 보내시고 이튿날 8일 오전 9시 10분 부산으로 출발하시는데 부산, 마산의 순찰을 마치시는 12일에는 대구에 다시 오셔서 하루를 묵게 되시니 대구로서는 이중의 광영이었다.

황제 폐하의 귀경길인 12일 오전 11시 이등박문과 함께 마산으로부터 봉련(鳳輦-꼭대기에 금동의 봉황을 달아 놓은 임금님이 타는 가마)이 다시 대구에 안착하였다. 황제의 위엄은 앞서보다 더 장엄하고 시내의 장식도 지난번보다 더 한층 화려했다. 당일 달성공원에 나오셔서 폐하 손수 식수와 이등박문의 기념식수가 있었다.'

이상은 순종황제가 대구에 처음 도착했을 때와 부산, 마산을 거쳐 대구로 다시 되돌아 온 장면에 관한 《대구물어》의 기록 일부를 발췌한 것이다.

황제는 순행이전에 조칙(詔勅)을 통해 '짐이 생각하건데 백성은

순종 황제가 심은 것으로 추측되는 가이즈까향나무(왼쪽)

순종 황제

나라의 근본이다… 이에 시정개선의 대 결심을 하고… 지방 각지의 소요는 아직도 가라앉지 않고 서민의 고통은 계속 되고 있으니 생각만 해도 가슴 아픈 일이다. 하물며 이 추위를 당한 백성의 곤궁함이 눈에 선한데 어찌 한시라도 금의옥식(錦衣玉食)에 혼자만 안주하랴…'라고 순행 목적을 밝히셨다.

그러나 왜 대구를 선택하였느냐에 대해서는 따로 설명이 없다. 아마 1907년에 있었던 국채보상운동이 시사(示唆)하듯 더 이상 방치한다면 대구가 항일운동의 거점이 되지 아니할까 하는 우려를 미리 차단하려했던 것이 아니었을까 생각된다.

그러나 심은 나무의 수종이 뭔지, 지금도 현존하고 있는지가 궁금했다. 고심을 거듭하던 끝에 향토사학자인 공원 관리계장 이대영, 공무원 선배 정시식님과 함께 확인 작업에 나섰다.

이 계장이 일러준 곳을 보니 크기가 비슷한 두 그루의 가이즈까향나무가 나란히 서 있는 모습이 계획적으로 심은 것이 분명해 보였다. 뿌리지름을 측정해 보니 공원 입구에서 오른편은 276cm 왼편의 나무는 285cm였다. 당시 일본의 수식(手植)문화가 나이에 따라 심는 경우가 있었는데 이등박문은 66세 순종 황제는 33세였으니 더 굵은 것이 이등박문, 작은 것이 순종 황제가 심은 것으로 추정된다.(더 정확하게 알게 위해 일본 대사관에 사실조회를 의뢰했으나 아직까지 회신을 받지 못했다.) 그러나 사람의 운명은 한 치 앞도 모른다는 말이 있듯이 그 당당했던 이등박문은 그해 10월 만주 하얼빈에서 안중근 의사에 의해 사살되고, 순종 황제 역시 이듬해 8월, 나라를 일본에 넘기고 500여 년을 지켜온 조선왕조와 그를 계승한 대한제국은 막을 내리고 만다.

이후 대구의 본향인 달성 역시 신사(神社)가 들어서는 등 더럽혀진다. 공원 한복판을 떡 버티고 있는 가이즈까향나무 역시 영광과 오욕을 함께 간직한 역사의 부스럼 같은 존재일 수도 있다. 그러나 조선의 마지막 황제가 손수 심은 나무인 만큼 잘 보존되었으면 한다.

'뽕도 따고 임도 보고'의 주인공 두사충과 뽕나무골목 뽕나무

대구는 알면 알수록 독특한 이야깃거리가 많은 도시다. 수성구 만촌동 남부정류장 뒤편 형봉 아래에 있는 모명재(慕明齋)도 그 중 한 곳이다. 중국인 명나라 장수 모명 두사충(杜師忠)을 기리는 재사이기 때문이다.

공은 본관이 중국 두릉(杜陵, 서안)으로 1592년(선조 25) 임진왜란으로 위기에 처한 조선을 도와주기 위해 그 해 12월에 파견된 명나라 지원군 총사령관 이여송의 참모였다. 수륙지획주사(水陸地劃主事), 또는 복야(僕射)로 아군의 병영과 진지를 구축하는 것이 임무였다.

시성 두보(杜甫)의 후손으로 기주자사 두교림(杜喬林)의 아들이다. 조·명연합군으로 전장을 누비며 정철, 유성룡 같은 문신은 물론 이순신과 같은 장수들과도 수시로 작전을 협의하면서 왜적을 물리치는데 공을 세웠다. 전쟁이 어느 정도 소강상태에 이르자 본국으로 돌아갔다.

'뽕도 따고 임도 보고'의 발상지 뽕나무골목의 뽕나무

그러나 간악한 왜군은 공을 평안하게 놔두지 않았다. 정유재란이 발발하자 다시 조선에 왔다. 이번에는 매부인 수군 도독 진린(陳璘)과 두 아들을 동행했다.

이때 바다의 영웅 이순신과도 재회하게 된다. 그 감회를 충무공은 '봉정두복야(奉呈杜僕射)'라는 시로 화답했다.

北去同甘苦 북거동감고
東來共死生 동래공사생
城南他夜月 성남타야월
今日一盃情 금일일배정

북으로 가기까지는 고락을 같이 했고

두사충을 기리는 모명재

동으로 오면 죽고 사는 것을 함께 하며
성 남쪽 타향의 밝은 달밤 아래
오늘 한 잔 술로 정을 나누네

난이 끝나자 다시 왔던 명나라 군사들은 모두 본국으로 돌아가게 되었다. 공 역시 귀환대열에 합류하여 국경지대인 압록강에 이르렀다.

이때 공은 매부인 진린에게 "조선 사람이 될지언정 머지않아 오랑캐나라가 될 명나라 백성이 되지 않겠다."고 하면서 맏이 산(山)과 둘째 일건(逸建)을 데리고 대구에 정착했다.

나라에서 달구벌의 노른자위인 경상감영공원 일대를 하사했다. 그러나 이도 잠시 1601년(선조 34) 경상감영이 대구로 이전해 오자 일가는 거처를 계산동일대로 옮겨야 했다.

그곳에서 뽕나무를 가꾸고 누에를 치며 안정을 찾아가고 있었다. 그때 옆집에 예쁜 과부가 살고 있었다. 홀아비인 공은 뽕을 따는 것보다 그 과부를 엿보며 연모하는데 오히려 많은 시간을 보냈다.

보다 못한 아들이 찾아가서 아버지의 속내를 털어 놓아 마침내 부인으로 맞아들일 수 있었다. 흔히 알려져 있는 '뽕도 따고 임도 본다'는 이야기는 이로부터 비롯되어 전국에 퍼졌으며 지금도 일대를 '뽕나무골목'이라고 한다.

노년이 되어 거주지를 최정산(그러나 대명단의 위치를 고려해 볼 때 앞산이 맞는 것 같다) 밑으로 옮겼다.

대명단(大明壇, 지금의 대구고교 자리로 비정)을 설치하고 매월 초하루와 보름 고국의 황제를 위해 관복을 입고 절을 하며 신하의 예를 다했다. 오늘날의 마을 이름 대명동은 이렇게 해서 유래되었다.

풍수지리에 밝아 일찍부터 장차 당신이 묻힐 곳으로 지금의 수성구 고산일대를 잡아 두었다. 어느 날 묘 터를 아들에게 일러주기 위해 담티 고개에 이르렀으나 너무 쇠약해 고개를 넘지 못하자 가까운 형봉을 가리키며 '저산 아래 묻어 달라'고 하여 쓴 묘자리가 지금의 유택이다.

저서로 풍수지리서인 《모명유결(慕明遺訣)》을 남겼다. 산수에 정

통해 이 책을 읽지 않은 사람은 옳은 지관이 아니라고 할 정도라고 한다.

모명재는 1912년 경산객사가 헐리자 그 재목을 구해 짓고 그 후 몇 차례 중수한 것이다.

공교로운 것은 본국으로 돌아갔던 매부 진린의 후손도 1644년(인조 22) 우리나라에 귀화해 현재 전남 해남군 산이면 황조리에 정착해 살고 있다.

광동 진씨(廣東陳氏)의 시조인 진린은 수군(水軍) 도독으로 충무공과 더불어 전공을 세워 광동백(廣東伯)에 봉해진 분이다.

해남군은 이 기이한 인연을 살려 진린의 고향 광동성 옹원현과 교류하고 있다.

우리나라 최초의 추기경
김수환과 계산성당 향나무

계산성당(사적 제290호)은 서울의 명동성당(사적 제258호)과 평양성당에 이어 우리나라에서 3번째로 지어진 고딕식 건물이자 영남지역 천주교의 성지이다. 처음(1899년)에는 목조로 지었으나 지진으로 불이나 1901년 새로 지은 것이 오늘날의 모습이다.

오래 전부터 노거수에 스토리를 입히는 작업을 하고 있는 필자에게 계산성당은 빚으로 남아 있었다. 이인성의 작품 '계산성당' 속에 등장하는 감나무가 있어 가톨릭과는 무관한 '이인성나무'를 지정했었기 때문이다.

언젠가 가톨릭을 대표하는 인물을 추가해야겠다는 생각을 가졌었으나 어느 분이 적당할지 몰라 미루고 있었다. 처음 이곳을 개척한 로베르 신부가 합당할 것 같은 생각을 가졌으나 동상이 이미 서 있어 다시 나무로 그를 기릴 필요가 없을 것 같고, 그 외에도 여러 주임신부들이 사목을 담당했으나 종교적으로는 훌륭한 분이지만 대구와 관련성이 부족한 점이 아쉬웠다. 그래서 생각한 분이 김수환 추기경이었다.

대구 출신으로 세계 최연소 추기경이자, 우리나라 최초의 추기경이며 늘 가난하고 소외받는 사람들에게 다가가려고 노력한 분으로 각인되어 있는 분이기 때문이다.

김 추기경은 1922년 대구의 중구 남산동에서 5남 3녀 중 막내로 태어났다. 본관은 광산이다. 할아버지의 고향은 충남 연산으로 1866년(고종 3) 병인박해 때 순교한 김보현(金甫鉉)이고, 부친은 김영석(金永錫)이며, 모친은 대구출신의 서중하(徐仲夏)이다.

박해를 피해 다녀야 했던 당시 천주쟁이들이 다 그랬듯이 옹기장수로 전전하는 부모를 따라 어린 시절은 선산에서, 초등학교는 군위에서 다녔다.

1941년에 서울 동성상업학교(현 동성고등학교)를 졸업하였고, 같은 해 4월에 일본 동경의 상지대학교에 입학하였다. 제2차 세계대전으로 귀국하였고, 1947년에 성신대학(현 가톨릭대학교 신학대학)에 편입하여 1951년에 졸업했다. 그 후 독일 뮌스터대학교 대학원에서 사회학을 전공하였다.

1951년에 사제 서품을 받아, 안동성당(현 목성동성당) 주임신부가 되었다. 1955년부터 이듬해까지 김천성당(현 황금성당)의 주임신부와 성의중고등학교의 교장을 겸임하였다.

독일 유학 후 가톨릭시보사(현 가톨릭신문) 사장으로 자리하였고, 1966년에 주교가 되었다. 1968년에 서울대교구장으로 임명된 뒤 대주교가 되었으며, 1969년에 추기경으로 서임(敍任)되었다.

김수환 추기경의 신앙생활을 지켜 본 계산성당 향나무

1970년부터 1975년까지와 1981년부터 1987년까지 한국천주교주교회의장을 2차례 역임하였고, 1975년부터 평양교구장서리를 맡았다가 1998년에 서울대교구장 및 평양교구장 서리에서 퇴임하였다.

1970년 국민훈장 무궁화장과 2000년 제13회 심산상 등을 받았고, 2001년 독일 대십자공로훈장과 2002년에 칠레 베르나르도오히긴스대십자훈장을 받았다. 군사정권 당시 독재정권 퇴진운동과 시민활동을 전개하였고, 혼란스러운 시국과 관련한 사건들이 일어날 때마다 종교지도자로서 약자를 끌어안았다. 박정희 정권과 맞선 때도 있었지만 인간적으로는 늘 가슴 아파했다고 한다.

저서는 《하느님은 사랑이시다》, 《이 땅에 평화를》, 《우리가 사

늘 약자 편에 섰던 김수환 추기경

랑한다는》 등이 있다. (참고자료 : 한국역대인물종합시스템)

김 추기경께서는 오래 동안 성직자의 길을 걸어왔지만 의외로 계산성당과 인연은 그리 길지 않았다.

그러나 사제서품을 이곳에서 받았고 특히, 가난을 떨치기 위해 장사가 하고 싶었던 그를 성직자의 길로 인도하고, 마음이 흔들릴 때마다 다잡아 준 어머니가 신앙생활을 이곳에서 했다.

효성이 지극한 추기경은 대구대교구 교구장 비서로 발령을 받자 교구청 바로 옆에 집을 먼저 마련하고 그곳에서 어머니를 모시고 임종까지 지켜보았다. 성당 남쪽 화단에 가지가 꾸불꾸불하지만 그래서 더 아름다운 향나무가 있다. 굴곡이 많은 현대사의 부조리에 대해 기회 있을 때마다 원로로서 책임을 다하려 했던 추기경의 삶을 닮은 것 같은 나무다.

2009년에 87세로 선종했다.

대구 3·1운동의 주역 이만집 목사와 남산교회 튤립나무

대구는 국채보상운동을 통하여 전국의 어느 도시보다 국권회복운동에 앞장섰던 도시다. 그러나 3·1만세운동은 서울보다 늦은 3월 8일에야 열렸다.

지리적으로 서울과 떨어져 있었고, 거사를 큰 장날로 택했기 때문인 것으로 보인다.

도화선은 민족대표 33인 중의 한 사람인 이갑성 선생이 2월 24일 이만집(李萬集) 목사를 만나 대구 대표로 활동해 줄 것을 권유하면서 비롯되었다.

이 목사는 남산교회 김태련(金兌鍊) 조사와 업무를 분담하여 본인은 시위 참가자를 물색하고, 김 조사는 독립선언서 인쇄 등 거사에 필요한 준비물을 담당했다.

그러나 일본 경찰이 미리 알아 3월 4일에는 천도교 대표 홍주일이, 7일에는 백남채 등이 체포되었다. 다행히 이 목사와 김 조사는 눈치 채지 못해 3월 8일 오후 3시 경 시위 현장에 숨어 들 수

대구 3 . 1운동을 주도한 이만집 목사

있었다.

계성학교, 신명학교 학생 등 참가자가 800여 명으로 늘어나자 김태련이 황급히 달구지 위로 올라가 독립선언문을 낭독하기 시작했다.

그 때 주변에 있던 일경이 제지해 다 읽지도 못하고 중단되자 이어 이만집 목사가 '대한독립만세'를 큰 소리로 외치자 시위 군중들이 따라 부르면서 본격적으로 시가행진이 전개되었다. 이렇게 시작된 대구의 만세운동은 체포된 사람만 무려 157명에 달했다. 그러나 1세기도 안된 지금 대구 만세운동의 주역 이만집 목사를 기리는 기념물 하나 없다.

이 목사는 본관이 경주로 1875년(고종 12) 경주시 강동면 호명리에서 태어났다. 25세가 되던 1900년, 이 지역을 전도하던 선교사 애덤스(J, E Adams, 한국명 안의와, 1906년)를 만나 기독교 신자가 되었다. 그 후 애덤스가 설립한 계성학교 한문선생으로 초빙되어 아이들을 가르치고, 교회에서는 장로로 교회부흥에 노력하면서 대구지역 교계에 지도자로 자리를 굳혔다.

1912년 보다 체계적으로 신학공부를 하기 위해 37세라는 늦은 나이에 평양신학교에 입학했다.

부르엔(H . M Bruen, 한국명 이름 부해리, 신명학교 설립자 부마태의 남편) 선교사와 남산교회설립에 참여하고 1917년 남산교회, 1918년에

남산교회 앞의 튤립나무

는 제일교회 목사가 되었다.

1919년 3·1만세운동을 주도한 그는 3년의 징역형을 받았으나 2년 만에 출소했다. 그러나 그가 감옥에 있는 동안 교세는 많이 약화되고 그나마 내분이 일어나 선교사들과 대립하다가 1923년 목회자로서의 자격이 정지되었다.

잇따라 있었던 법정싸움에서마저도 패소하자 고향 경주로 내려가 과수원을 경영했다. 그러나 건강이 악화되어 금강산으로 들어가 수양관을 세우고 기도생활을 하던 중 1944년 하나님의 부름을 받으니 향연 69세였다.

전통적인 유학자였던 그는 기독교에 입문, 이 땅에 하나님의 나라를 건설하려는 이외 일본제국의 압제로부터 민족을 해방시키려고도 무던히 애썼다. 특히, 1915년 장차 조국을 이끌어 갈 청년들을 교화하기 위하여 김태련, 백남채와 더불어 교남기독교청년회 즉 대구YMCA를 조직했다. 이후 그는 회장, 김태련은 총무가 되어 대구지역 청년들을 결집시켜 선교활동과 민족독립운동을 전개했다.

부해리, 안의와에 이어 3대로 목회한 남산교회는 2014년 설립 100주년을 맞고, 2015년에는 그가 창립한 대구YMCA도 100년을 맞는다. 그간의 활동으로 건국훈장 애국장을 받았고, 2005년에는 경북노회로부터 복권도 되었다.

남산교회에서는 금년 교회 탄생 100주년을 맞아 백남채, 김태련, 김성도, 이만집 목사를 기리는 부조(浮彫)를 세웠다. 내친김에 정문 앞의 백합나무도 독립운동가로 목회자로 열심히 살아온 이만집 목사를 기리는 나무로 한다면 더 뜻깊을 것 같다.

백합나무는 북아메리카가 원산지이나 우리나라에서도 잘 자라고 꽃이 튤립을 닮아 튤립나무라고도 하며 가을에 노란 단풍이 들어 옐로포플러(yellow poplar)라고도 한다.

우리나라 최초의 여류비행사 박경원과 동부교육지원청의 히말라야시다

일제강점기를 살아 온 선각자들이 다 그렇듯 박경원도 힘들게 살았던 분이다. 온갖 역경과 관습을 극복하고 우리나라에서 최초로 여류비행사가 되었지만 잊혀진 것은 차치하고 올바른 평가를 받지 못하고 있다.

더 가슴을 저미게 하는 것은 사후(死後) 그녀가 태어나고 조인(鳥人)으로 꿈을 키웠던 대구보다 일본에서 더 사랑받고 있다는 점이다.

그녀의 생애에 관해서는 《대구의 향기》(1982, 대구직할시), 《여성 100년》(2000, 최미화) 등을 통해 알 수 있다. 그러나 보다 생생한 자료는 사학의 명문 신명학교에서 많이 입수할 수 있었다. 그녀는 윤종찬 감독의 영화 〈청연(靑燕)〉을 통해서 널리 알려졌다. 애기(愛機) '청연'은 대구의 하늘을 날고 있는 제비에서 따온 이름이라고 한다.

그녀는 1897년 대구부 덕산정 42에서 아버지 목공(木工) 박덕홍

(朴德興)과 어머니 장칠남(張七南) 사이에서 태어났다.

복명(複明)초등학교 전신인 명신여학교(明信女學校)를 졸업하고 1916년 신명학교에 들어가 얼마 후 가정형편으로 중퇴했다.

1917년 일본으로 건너가 요코하마기예여학교를 1920년까지 다녔다. 그 후 귀국한 그녀는 자혜의원(현 경대병원) 간호사 양성소에 들어갔고 1924년 5월까지 약 2년 동안 근무하며 돈을 벌었다. 친구들에게 '비행사가 되기 위해 돈을 모은다.'고 털어 놓았다고 한다.

다시 일본으로 건너간 1924년 9월 다치카와(立川)비행학교에 입학했다. 그러나 한 시간 비행술을 익히는데 120원(당시 쌀 24가마 값)이나 들어 동료들의 비행복을 빨아주는 등 아르바이트를 했으나 턱없이 모자랐다.

마침내 구한말 내무대신을 지냈던 이용식(李容植)으로부터 후원을 받았다. 이용식은 일제강점기때 자작을 받을 만큼 친일활동을 했으나 나중에 독립운동을 지원하여 작위를 빼앗긴 분이다.

그녀가 일본에 알려진 것은 1927년 3등조종사, 이듬해 2등조종사시험에 우수한 성적으로 합격한 이후라고 한다. 대다수 일본 여성들이 꿈도 꾸지 못할 때 '조선 여류 조인(鳥人, 즉 인간 새)의 첫 탄생'이라고 신문과 잡지에 대서특필되었기 때문이다.

1932년, 일본이 만주국을 세운 것을 기념하는 행사의 하나로 나고야신문사가 주최하는 일본-만주 간 축하비행이 있었으나 1등 면허가 없다는 이유로 거절됐다.

모교였던 현 동부교육지원청 정문 오른쪽에 있는 히말라야시다

낙심한 그녀를 위해 동창들이 육군성을 찾아가 낡은 비행기 한 대를 불하받으니 바로 '청연호(青燕號)'였다.

1933년 8월 7일 10시 30분 청연호는 하네다공항을 이륙했다. 가장 난코스로 알려진 하꼬네산을 통과했다는 제3신을 받은 후 연락이 두절되었다. 그 후 11시 경 한 소년이 이상한 물체가 곤두박질해 내려오는 것을 목격했다. 신고 받은 경찰과 동료들이 달려갔으나 이미 때는 늦었다. 그녀의 나이 36세 아직 미혼이었다.

고향 대구하늘을 날고 싶은 그녀의 간절한 소망도 사라지고 말

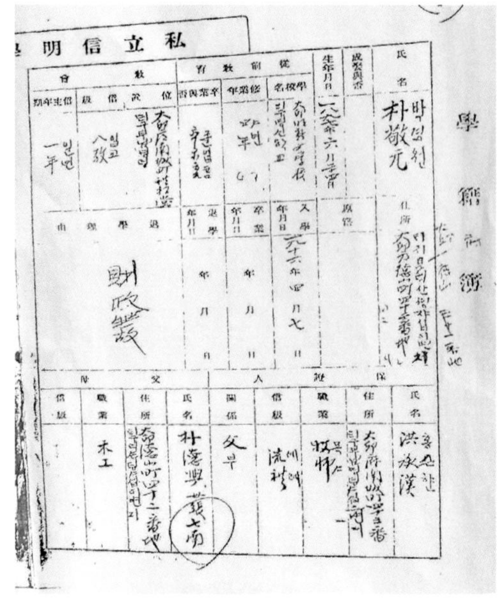
私立信明
學籍簿
氏名 박경원 朴敬元

신명학교 시절의 학적부

았다. 장례(葬禮)는 다치카와비행학교장으로 치러졌고 화장되어 고국으로 돌아올 때 동경역에는 일본 항공국 관계관 등 많은 저명인사들이 전송했다고 한다. 고국에 돌아온 유해는 의사였던 남동생 박상훈에 의해 팔공산 동화사에 안치되었다고 한다.

일본에서는 그녀를 기리는 비가 세 번째 세워졌다고 한다. 사고 다음해 조난(遭難)한 곳에 '조인박경원영적비(鳥人朴敬元靈跡碑)'가 세워지고 이것이 풍화되자 새로 세우고, 2002년 시즈오카현(靜岡縣) 아따마시(熱海市)의 한국정원에 세워졌다.

이 세 번째 행사에는 태양회(太陽會)가 주관하여 모교 신명여고 동창회와 방계 친족이 참석했으며 대구시장도 메시지를 보냈다고 한다. 그러나 그녀가 자랐고 조인(鳥人)으로 꿈을 꾸었던 대구의 어느 곳에도 그녀를 기리는 표석 하나 없다. 명신여학교 후신인 옛 복명초등학교(현 동부교육지원청)의 정문 우측에 있는 한 그루 히말라야시다로 표석을 대신해 한국 최초의 여류비행사인 그녀의 영혼을 위로했으면 한다.

청마 유치환 시인과 국채보상운동기념공원의 히말라야시다

대구는 어느 도시보다 많은 예술가를 배출했고 시, 소설, 그림, 서화, 음악, 연극, 영화 등 장르도 다양하다. 이런 점에서 예술의 향기가 가득한 예향(藝鄕)이라고 할 수 있다.

특히, 이상화, 백기만, 이장희, 박목월(목월은 경주 출신이나 대구 계성학교를 다녔다) 같은 기라성 같은 시인이 배출되었고 비록 대구 출신은 아니지만 한때 한국시단을 이끌어 온 〈깃발〉의 유치환, 〈꽃〉의 김춘수도 대구에서 활동했다.

그 중에서 국채보상운동기념공원과 연고가 있는 분은 청마 유치환(柳致環)이다.

수상집 '사랑했음으로 나는 행복하였네라'라는 플라토닉 러브의 대명사로 알려진 서간문집의 주인공이 인근 청도 출신의 시조시인 이영도 여사라는 점과 대구 여성 교육의 요람인 대구여자고등학교 교장을 역임하고 교가를 지었기 때문이다.

대구여고 옛 교사

선생은 본관이 진주로 아호는 청마(靑馬)이며 1908년 경상남도 통영에서 준수(焌秀)의 8남매 중 둘째 아들로 태어났다.

1922년 통영보통학교 4년을 마치고, 일본 도요야마중학교에 입학했다. 이 무렵 형 치진이 중심이 된 동인지 《토성土聲》에 시를 발표하기도 하였다.

가세가 기울어 4학년 때 귀국, 1926년 동래고등보통학교에 편입하여 졸업하고, 이듬해 연희전문학교 문과에 입학하였으나 퇴폐적인 분위기에 불만을 품고 1년 만에 중퇴했다.

당시 시단을 풍미하던 정지용(鄭芝溶)의 시에 감동하여, 형 치진과 함께 회람잡지 《소제부》를 만들어 시를 발표했다. 1931년 《문

청마 재직 시 교정에 있었던 히말라야시다

예월간》에 시 〈정적〉을 발표하여 문단에 등단했다.

1939년 첫 시집 《청마시초》를 발간하였다. 여기에 초기의 대표작인 〈깃발〉·〈그리움〉·〈일월〉 등 55편이 수록되어 있다. 1940년 가족을 거느리고 만주 연수현(煙首縣)으로 이주하여, 농장 관리인 등으로 5년여에 걸쳐 온갖 고생을 하다가 광복 직전에 귀국했다.

이때 만주의 황량한 광야를 배경으로 쓴 시 〈절도〉 등이 제2시집 《생명의 서》에 수록되었다. 광복 후에는 청년문학가협회 회장 등을 역임하면서 민족문학 운동을 전개하였고, 6·25 중에는 문총구국대의 일원으로 보병 3사단에 종군하기도 했다.

《보병과 더불어》는 이 무렵의 시집이다. 1953년부터 다시 고향으로 돌아간 이후에는 줄곧 교직으로 일관하였다. 안의중학교 교장을 시작으로 경주고등학교, 대구여자고등학교 등을 거쳐 부산남여자상업고등학교 교장으로 재직하던 중 1967년 교통사고로 작고하니 향년 59세였다.

경주 불국사, 부산 에덴공원, 통영 남망공원 등에 시비가 세워졌다. 작품집으로 《울릉도》, 《청마시집》, 《파도야 어쩌란 말이냐》 등이 있다.

청마가 대구여자고등학교 교장으로 재임한 것은 1962년 3월부터 이듬해 6월까지 1년 3개월간이다. 그러나 그 기간 중에도 예술원상을 받고, 한국문화예술단체총연합회경북지부장에 취임했으며 수필집 《나는 고독하지 않다》를 발간하는 등 왕성한 활동을 하면서 전상렬 등 대구지역의 많은 문인들과 교류했다.

그러나 그가 몸담고 교가를 작사했던 대구여고는 현재 국채보상운동기념공원으로 변했다. 혹 그와 인연이 있는 나무가 없을까 하여 졸업생 몇 분을 만났으나 대다수가 기억나기는커녕 나무가 없던 학교로 알고 있었다. 옛 사진을 보니 지금 공원관리사무소 앞 히말라야시다가 그때 있던 나무로 판명되었다. 그 중 한 그루를 '유치환나무'로 기념하고자 한다. 더 나아가 그 나무 앞에 가칭 '행복우체통'을 설치해 그가 이영도에게 편지를 보내며 즐거워했던 것처럼 시민 누구든 사랑하는 사람에게 쓴 편지를 넣게 하고 1년에 한 번 개봉하여 우수작품을 뽑아 시상하고 책으로 만들어 나누어 주면 좋을 것 같다.

감사 윤광안과
경상감영공원의 고욤나무

1601년(선조 34) 감영이 설치되면서 약 300여년 경상도 수읍(首邑)의 지위를 누려온 대구는 많은 문화유산을 가지고 있다. 문화자산이 많다는 것은 그 지역의 품격이 그 만큼 높다는 의미로 볼 때 문화재는 대구의 또 다른 자랑거리라고 생각할 수 있다.

그 중 하나가 선화당(대구시 유형문화재 제1호)과 징청각(동 제2호)이다.

오늘날 조선시대 지방 관아(官衙)가 그리 많이 남아있지 않는 점에서 중요한 사료가 되고 있다.

현존하는 두 동의 건물은 감사 윤광안(尹光顔 1757~1815)이 재임시 건립한 것이다. 이런 점에서 윤 감사는 좀 특별하다고 할 수 있다.

공은 본관이 파평으로 아호는 반호(盤湖)다. 아버지 동미(東美)와 어머니 이보순(李普淳)의 딸 사이에 태어났다.

1786년(정조 10) 문과에 급제하여 교리 등을 거쳐 대사간·대사

관찰사의 숙소였던 징청각 뒤편에 있는 고욤나무

성·충청도관찰사·이조참의·부호군 등을 역임하고 1806년(순조 6) 경상도관찰사가 되었다가 1808년(순조 8) 이임했다.

재임 때에 금정산성 수축에 필요한 경비를 마련하는데 노력했다. 그러나 주자와 우암 송시열을 배향한 영양의 운곡서원(雲谷書院) 사당을 헐고 영정을 철거한 일이 있었는데, 이것이 문제가 되어 암행어사 이우재(李愚在)의 탄핵을 받아 사문난적(斯文亂賊, 성리학의 교리를 어지럽히고 그 사상에 어긋나는 말이나 행동을 하는 사람)이라는

윤광안 감사의 영세불망비

죄명으로 함경도 무산에 유배되었다.

공이 사당을 헐고 영정을 철거한 것은 당시 재야 세력인 남인들의 거부감 때문이었을 것으로 생각된다.

잘 알려져 있다시피 조선 후기는 서인이 지배하던 시대였고 그 선두에 섰던 인물이 우암이다. 그의 위패와 영정을 남인의 본거지인 영양에 세웠으니 남인들의 불만이 컸을 것은 당연한 것이고 이 점을 고려해 철거했던 것 같다.

내외 중요 요직을 두루 거친 공이 철거 후 있을 비난과 불이익을 모를 리 없었겠지만 남인들의 저항이 워낙 거셌던 관계로 어쩔 수 없었을 것이다. 아니면 그 역시 남인이었을지 모른다.

이 불손한(?) 조치는 서인은 물론 태학의 유생들마저 자극하여 암행어사 이우재가 탄핵을 했다. 《조선왕조실록》에 의하면 공에 대한 평판은 전반적으로 좋지 못하다.

당시는 같은 사안이라도 당파에 따라 해석을 달리했으므로 실록에 적혀 있는 것이라 해서 액면 그대로 받아들일 수 없다.

오히려 감사로서의 본분을 다하려 애썼던 분으로 생각된다. 즉 우리나라 관립 지방도서관의 효시라고 할 수 있는 낙육재(현 대구향교 내에 복원되었음)에 장서각을 설치하여 지역의 학문 진흥에 이바지했다. 그때의 중요 서책은 현재 시립 중앙도서관에 보관되어 있다. 경상감영공원 내 비림(碑林)에는 공의 불망비가 있다.

展也我公 전야아공
莅事神明 이사신명
政先弊瘼 정선폐막
倉有常平 창유상평
爰社規回 원사규회
曾絜矩行 증혈구행
片石不轉 편석불전
喬嶽崢嶸 교악쟁영

경배를 드립니다. 우리 공이시여!

일에 임해서는 신명과 같으시고
정사는 폐단부터 먼저 해결하시고
사창의 이용을 항상 공평하게 하셨네.
이에 사창의 법규를 회복하시고
일찍이 백성의 어려운 처지를 헤아려 행하셨네.
이 비석 깨어지지 말고 오래 가소서.
교악과 같이 높고 높으셨네.

- 번역 : 구본욱, 대구향교장의

공은 비록 집권당에는 밉게 보였으나 그가 보살펴야할 고을 사람들을 위해서는 최선을 다한 감사였다. 선화당, 징청각도 공이 새로 지었기에 오늘날 우리가 볼 수 있게 되었다.

경상감영공원은 대구의 대표 브랜드가 된 담장허물기가 시작된 곳이다.

공을 비롯해 많은 감사들이 침소로 썼던 징청각 뒤에 있는 여러 종류의 나무 중 이례적으로 크고 오래된 고욤나무가 있다. 이 나무를 '감사 윤광안나무'로 삼고 싶다.

15세기 대구의 랜드 마크 금학루와 군수 금유의 회화나무

중구 대안동, 대한천리교대구교회가 있는 곳은 조선시대 금학루(琴鶴樓)가 있던 자리이다.

《신증동국여지승람》〈누정 조〉에 '금학루는 객관의 동북 모퉁이에 있다. 경상도 도관찰출척사(경상도관찰사의 옛 이름) 김요(金銚 ?~1455, 재임 1446~1447)의 기문에 "…금후(琴侯, 금유를 일컬음)가 …드디어 나로 하여금 기문을 짓게 한다. …이제 후(侯)가 달구(達句, 달구벌의 다른 표현)를 다스림은 믿음이 흡족해서 사람들이 화목하고, 간사하고 교활한 자가 공경하여 속이지 않고, 홀아비와 과부가 편안하여 원망하지 않고, 예악이 일어나고 소송은 적어졌으니 덕을 숭상하고 법을 숭상하지 않으며 너그러움에 말미암고 사나움에 말미암지 않는 것은 분명하다."라고 하였다.

즉 군수 금유(琴柔)가 관찰사 김요에게 기문을 부탁했는데 '금유가 믿음으로 주민을 교화시키고, 백성을 공경하며, 홀아비나 과부를 잘 보살펴주자 예가 되살아나고 따라서 법으로 다스리기보

금학루를 지을 당시 심은 것으로 추정되는 회화나무

다 덕을 숭상하는 풍조가 넘치면서 다툼이 적어졌다.'고 하는 내용이다.

또 같은 책 〈명환(名宦, 중요한 벼슬아치) 조〉에 "금유는 군수였다. 아전 배설(裵泄)이 교활하고, 머리가 빠르고 일을 민첩하게 처리하나 법을 왜곡하는 등 문제가 많은 인물로 대다수 수령들이 그에 의존해 공무를 집행했다. 그러나 만년에 배설이 이르기를 '전후 수령들은 비록 지위가 낮지만 내가 모두 거느리고 살았는데 오직 금유는 모셨다'고 했다."라고 적혀 있다. 즉 아전이 군수를 가지고 놀았으나 금유는 그렇지 못했다고 했다.

이런 점을 볼 때 금유는 매우 유능한 공직자로 부하의 농간에 놀아나지 않고 엄정하게 공무를 집행한 목민관이었음을 알 수 있다.

대한천리교 대구교회, 건축 당시 없애지 않고 나무를 보존했다.

예천신문의 '고장의 인물 편(논설위원 정병창)' 금유에 관한 글의 요지는 다음과 같다.

"공은 조선조 초기 용궁면 무이리 소천(蘇川) 사람으로, 호는 청원정(淸遠亭), 본관은 봉화, 극해(克諧)의 아들이다. 1396년(태조 5) 문과에 같은 고장의 윤상(尹祥)과 더불어 급제하였다. 이것이 인연이 되어 둘은 서로 친하였는데, 금유가 참의 벼슬에서 강릉의 수령으로 부임하여 갈 때에 윤상이 시를 지어 전송하기도 하였다.

금유는 네 고을의 수령으로서 정치를 잘하는 관리라는 칭송을 받았고, 벼슬이 성균관 대사성, 사간원 대사간, 사헌부 대사헌 등 여러 청환직(학식과 덕망이 높은 사람이 하던 벼슬)에 이르렀다. 지조가 굳기로 소문이 나 있었다.

세종 때 전라도 관찰사로 나가자 탐관오리들이 소문을 듣고 미리 사퇴했다고 한다. 금유는 요즘 이조 판서(현 안정행정부 장관)에까지 승진하였다. 태도와 예의범절이 뛰어나게 단정하고 인품이 온화하며 효성이 지극하고 매사에 조심을 하였다. 사리의 분별이 빠르고 정확하고 총명하며 아주 적은 사실에도 정밀하였다.

김종직, 조위의 학문이 모두 금유의 영향을 받았고, 남지(南智)와 함께 《영남지리지》를 편찬하였고, 대구의 영각서 풍청(鈴閣署 風淸)에 시를 남겼다.

이상의 사실들이 《축산승람》, 《별동선생문집》 등에 실려 있다."

1444년(세종 26) 공이 세운 금학루는 당시로서는 대구의 랜드 마크이자 국제적인 사교장이었던 것 같다.

사가 서거정이 대구 10경의 제4경(시제, 학루명월)으로 노래했을 뿐 아니라, 일본 중 경양(慶陽) 또한 이곳의 풍광을 '그림 그린 들보의 나는 듯한 가에서는 학의 여윈 그림자를 보고, 붉은 난간의 굽은 곳에서는 거문고의 끼친 소리 듣네. 맑은 바람 밝은 달은 천년의 모습이요, 흐르는 물 높은 산은 태고의 마음일세.'라고 읊었다.

대한천리교대구교회 경내에 있는 회화나무는 그때 누를 지으면서 주변경관을 아름답게 하기 위해 심은 것 같다. 교회를 지을 때 상당한 지장이 있었을 것으로 생각되나 개의치 않고 보존해 고맙게도 잘 자라고 있으나 다만 수세가 점점 떨어지는 것 같아 아쉽다.

선교사 안의와와
계성학교 교문 앞 히말라야시다

기독교가 이 땅에 들어오면서 의료, 문맹퇴치, 생활개선 등 기여한 공이 여러 가지 있겠지만 그 중에서도 큰 업적의 하나는 학교 설립이라고 할 수 있다.

20세기 초만 해도 서당 교육 위주였고 그나마 일부 선택된 사람만 혜택을 누릴 수 있었다.

그러나 선교사들이 세운 학교는 신분에 차별을 두지 않고 일반 서민의 자제들도 공부할 수 있었다. 대구도 예외가 아니었다. 대구에 개신교 특히 장로교가 들어온 것은 1893년(고종 30) 부산에 본부를 두고 부인과 함께 주로 그 지역을 대상으로 선교활동을 하던 미국 북장로 교회 소속 베어드(William M. Baird, 배위량)에 의해서였다. 그가 전도 지역을 넓히기 위해 경북 일원을 여행하다가 약령시장에서 전도지를 나누어 준 것에서 비롯되었다고 한다. 이때를 대구제일교회 창립일로 본다.

그는 교통의 중심지인 대구가 선교하기에 편리한 곳으로 판단

계성학교 정문 옆 히말라야시다

하고 읍성(邑城) 안 남문근처(현 중구 남성로 50)에 초가 5채와 기와집 1채를 구입해 1986년 4월 이사하여 본격적으로 선교활동을 하였다. 그러나 그것도 잠시 그 해 10월 서울지역 교육 담당 고문에 임명되면서 대구를 떠나게 되었다.

후임으로 온 선교사가 애덤스(James E. Adams, 안의와)였다. 그는 1897년(고종 34) 가족과 함께 대구에 도착했다. 그의 내구(來邱)는 대구, 경북 최초의 교회인 제일교회가 설립되는 계기가 되기도 했지만 사학의 명문 계성학교를 있게 한 것이 지역사회에 미친 영향이 어쩌면 더 크다고 할 수 있다.

안 선교사는 1867년 미국 인디애나주 맥코이에서 태어났다. 워쉬번 대학을 졸업하고, 그 후 1년간 홉킨스 대학에서 수학하고 이어 시카고 맥코믹신학교를 졸업했다.

이 후 목사 안수를 받고 터피커(Topeka) YWCA의 간사로 일하던 넬리 딕(Nellie Dick)과 결혼했다. 두 사람은 미국 북장로회 한국 선교사로 임명을 받고 1895년 부산선교지회에 배속받았다.

부산에는 안 선교사의 누나와 자형인 배위량 목사가 먼저 선교사로 와서 활동하고 있었다.

대구 선교업무를 인계받은 안 목사는 즉시 취임하지 않고 한국말을 좀 더 배울 목적으로 부산으로 내려갔다. 약 1년간 부산에서 공부하며 지내다가 1897년 11월 1일 부인과 아들 애드워드(Edward, 안두화), 어학선생 겸 조사인 김재수(일명 김기원), 그리고 곧 해산할 부인을 도와줄 보모 마리 췌이스(Marie Chase)양을 데리고 대구에 왔다.

그는 한국인에게 친근감을 주기 위해 이름을 안의와(安義窩)로 고쳤다. '안'은 애덤스에서 '의와'는 '바르고 옳은 사람이 사는 집'이라는 뜻이라고 한다.

그는 계성학교와 제일교회 등을 설립하고 1923년 은퇴한 후 1925년 본국으로 돌아가 1929년 캘리포니아 버클리에서 62세를 일기로 소천했다.

그는 기독교 선교를 위해 낯선 한국 땅에 들어왔지만 선교사업 이외에 배움의 혜택을 받지 못하는 청소년들에게 깊은 관심을 가

학교 교정 내 애덤스 흉상

졌다.

1906년 24명을 모집하여 12명의 첫 졸업생을 배출한 계성학교는 그의 염원이 이루어져 훌륭한 목회자는 물론 지역을 넘어 대한민국을 이끌어 갈 6만 여 명의 인재를 배출했고 앞으로도 계속될 것이다.

특히, 예체능계에서 두각을 나타낸 인물이 많았는데 대표적인 분들이 음악가 박태원, 박태준, 현제명, 시인 박목월, 소설가 김동리, 동요작가 김성도, 체육인 신도환, 영화감독 이규환 등이다.

그의 사재로 건축된 애덤스관(대구시 유형문화재 제145호)은 1919년 3·1운동 당시 대구 시민들에게 나누어 줄 독립선언문을 인쇄한 곳이다.

4남 2녀를 두었는데 장남 안두화 목사는 계성학교 교사와 임시 교장을 역임하고 계명대학교 설립에도 참여했으며, 차남 안변암은 대구에서 최초로 태어난 서양인으로 안동에서 선교활동을 하다가 귀국했고, 3남 안두조는 안동과 대구에서 활동했다. 4남 헨리 애덤스는 목사로 봉직했다.

애덤스관을 지을 당시 조경수로 심은 것으로 추정되는 교문 오른쪽에 서 있는 히말라야시다를 '안의와나무'로 삼아 낯선 곳에 와서 풍토병 등 온갖 어려움을 극복하고 많은 인재를 길러낸 안 목사의 공적을 잊지 않았으면 한다.

2
동 · 남구지역

올곧은 선비 봉촌 최상룡 선생과 봉무정 대나무

고려 태조 왕건과 후백제 견훤의 팔공산 전투는 우리 역사가 뒤바뀔만한 격전이었다. 특히, 왕건이 대패한 전투였으나 대구지역에는 그가 탈출했던 길과 그로 인해 생긴 지명이 많이 남아 있어 천년의 세월이 흐른 지금도 살아있는 전설이 되고 있다.

동구 봉무동의 독좌암(獨坐巖) 역시 파군재에서 패한 왕건이 도망가다가 잠시 혼자 앉았다는 전설을 간직하고 있는 바위다.

또한 이곳에는 조선 후기의 성리학자 봉촌 최상룡(崔象龍 1786~1849)이 지은 봉무정(鳳舞亭, 대구시 유형문화재 제8호)이 있다.

지금은 아파트로 남쪽 시계가 가리어져 있지만 19세기만 해도 북으로는 팔공산이 병풍처럼 둘러쳐져 있고 서쪽으로는 금호강이 휘돌아 흐르며 앞에는 봉무의 넓은 들이 펼쳐진 풍광이 수려한 곳이었다.

공이 여러 벗들과 어울려 학문을 강론하고, 예(禮)를 익히며, 투호놀이 등 여가를 즐기고, 향음주례(鄕飮酒禮, 조선시대에 향촌의 유생들

봉촌 최상룡 선생이 심은 대나무

이 학교·서원 등에 모여서 나이 많고 덕 있는 사람을 주빈으로 모시고 술을 마시며 잔치를 하던 의식)를 하면서 만년을 보내고, 향약(鄕約)을 통해 마을의 풍속을 바로잡을 공간으로 이 정자를 짓고 주변에 오동나무와 대나무를 심어 조경을 했다.

그러나 안타깝게도 안내판에는 '행정사무를 보던 곳으로 개인이 건립한 것으로는 대구지역에는 하나 밖에 없는 공공건물'이라고 표기해 놓았다.

공은 1786년(정조 10) 아버지 홍한(興漢)과 어머니 영산신씨(靈山辛氏) 사이에 태어났다. 7세 때 이미 십구사(十九史, 중국의 '십팔사(十八史)'에 '원사(元史)'를 더한 열아홉 가지의 사서(史書))를 읽을 만큼 영리했다고 한다.

봉무정(대구시 유형문화재 제8호)

한때 과거에 급제한 사람이 풍악을 울리며 마을 앞을 지나가자 또래의 아이들이 앞다투어 구경하기 위해 달려갔으나 그는 홀로 벽을 바라보고 앉아 책을 읽고 있었다. 그 모습이 신기해 한 어른이 까닭을 물었더니 "저 역시 공부를 열심히 해서 합격하면 그렇게 할 수 있을 것입니다."라고 대답해 기특하게 여겼다고 한다.

어릴 때는 칠실(漆室) 최화진(崔華鎭 1752~1813)에게 배우고, 커서는 상주의 입재 정종로(鄭宗魯 1738~1816)에게 배웠다. 이 때 동문수학한 분들은 유심춘, 이원조, 최효술 등이다.

특히 응와 이원조는 대과에 급제한 남인으로서는 이례적으로 공조판서에까지 오른 분이다.

공은 1822년(순조 22) 사마시에 합격해 진사가 되었다. 1823년(순조 23)유생들이 만인소(萬人疏)를 올려 서얼을 관리에 임용하라고 할 때 동참했다. 1827년(순조 27) 서학이 확장되자 교도 이경언(1790~1827)의 처벌을 주장하는 상소를 올렸다.

공의 명성이 알려지면서 배우려는 사람이 점점 늘어나자 독암서당(獨巖書堂, 대구시 문화재 자료 제12호)을 짓고 본격적으로 후학을 양성했다.

동쪽 방을 '벗으로 인을 도운다'하여 '보인(輔仁)'이라 하고, 서쪽 방을 '의리를 정밀히 연마한다'하여 '정의(精義)'라고 했다.

대구지방 생원·진사출신들의 친목 장소인 사마소(司馬所)가 관리소홀로 무너질 지경에 이르자 앞장서서 이를 보수하고 운영에 필요한 경비를 확보하기 위하여 논밭을 마련하는데도 크게 기여해 지역 유림들로부터 칭송을 들었다고 한다.

성균관에서 공부할 때 대사성 홍직필(洪直弼 1776~1853)이 학문이 높다는 말을 듣고 찾아 왔는데 공과 이야기를 나누어 보고는 크게 기뻐했으며 그 후 영남 선비들을 만날 때마다 높은 학문과 인간됨을 극구 칭찬했다고 한다.

비록 벼슬길에는 나아가지 않았지만 퇴계학맥을 계승한 학자로 훈고학에도 조예가 깊어 〈사자변의(四子辨疑)〉 등의 논문과 《봉촌문집》 22권을 남겼다.

실기를 쓴 족제(族弟) 택진공은 '어찌하여 시운이 막혀서 관직에 나아가는 은혜를 입지 못하니 어찌 개탄할 만하지 않는가?'라고 끝을 맺었다. 당파가 절정에 달했던 조선후기 벼슬길에 제한이 많았던 남인들이 겪어야할 울분을 토로한 것으로 여겨진다.

풍수조경의 전문가 최수학 선생과 옻골마을 비보숲

대구의 대표적인 반촌인 옻골마을은 경주 최씨 광정공파의 집성촌으로 조선 중기 성리학자 대암(臺巖) 최동집(崔東集 1586~1661년)이 1616년(광해군 8)에 개척했다고 한다. 대암산을 뒤로하고 동쪽으로는 검덕산이, 서쪽으로는 서산이 감싸 안고 남쪽은 낮고 탁 트인 구릉지가 전개되다가 금호강으로 이어지는 곳이다.

대암은 한강 정구에게 학문을 배워 진사시에 합격했으며 1639년(인조 17)에 유일로 천거되어 참봉이 되고, 이듬해 봉림대군(효종)의 스승이 되었다.

명(明)이 망하자 팔공산 부인동(현 용수동 일대)에 터를 잡고 숭정처사(崇禎處士)를 자칭하며 외부와 단절한 채 오로지 글 읽기와 후진양성에 전념했다.

용수동 냇가의 큰 자연석에 조선후기 명재상이었던 채제공이 찬한 비문이 있으며 저서로《대암집》을 남겼다.

1630년(인조 8)에 지은 종택의 안채는 대구에서는 가장 오래된

옻골 마을 비보숲

살림집으로 흔히 사랑채와 더불어 백불고택(百弗古宅)으로 불린다. 오른쪽에 1753년(영조 29)에 지은 재실 보본당, 대암의 불천위 사당인 별묘(別廟)와 백불암 최흥원(1705~1786)의 불천위 사당인 대묘(大廟)가 있다.

안채, 사랑채, 재실, 대묘, 별묘 등이 조화를 이룬 큰 규모로 특히 주택은 중국 명나라 건축양식으로 원, 사각, 팔각기둥을 배합하여 주역의 원리를 적용한 특이한 구조를 간직하고 있어 조선시대 양반 주택과 생활양식을 연구하는데 귀중한 사료가 되어 중요민속자료(제261호)로 지정되었다. 특히 낮으면서도 소박한 돌담은 전국 아름다운 돌담길의 하나이다.

그러나 대암이 개척한 이 마을이 오늘날 영남을 대표하는 전통마을로 자리매김된 데 대해서는 광양 현감을 지낸 증손자 최수학의 역할이 컸다.

공은 아버지 선교랑 최경함(崔慶涵)과 어머니 영양 이씨 사이에서 1652년(효종 3)에 태어났다. 어릴 때부터 거동과 모습이 거룩하고 타고난 성품이 아름다웠으며 윤리를 중시하며 돈과 재물을 경시했다고 한다.

효성이 지극해 부모를 극진히 봉양했으며, 이웃과 친척의 어려움을 돕는데도 힘썼다고 한다.

1691년(숙종 17) 무과에 급제하여 사헌부 감찰, 광양현감에 제수되었다. 재임 시 선정을 펼쳐 주민들이 세운 선정비가 있다. 특히 퇴계학파의 거두 갈암 이현일(1627~1704)이 서인 안세징의 탄핵으로 함경도 종성에 위리안치되었다가 1697년(숙종 23) 광양으로 이배되어 귀양살이를 할 때 잘 보살펴, 갈암은 물론 아들 이재로부터도 감사의 편지를 받기도 했다. 연회장에서 이조(吏曹)의 한 벼슬아치가 인사권을 가진 것을 뽐내며 직분에 넘치는 무례한 행동을 하자 크게 나무라고는 그 길로 벼슬을 버리고 고향으로 돌아와 마을을 가꾸고 자손들에게 학문을 가르쳤다.

그러나 그의 무단 귀향이 빌미가 되어 전라도 운봉으로 귀양을 가게 되었다. 주변의 많은 사람들이 그의 인간됨을 칭찬하며 나라에 진정했으나 받아들여지지 않아 1714년(숙종 40) 귀양지에서 돌아가시니 향년 63세였다.

공은 조경가이자 풍수지리에도 능한 분이었다. 마을 중심부에 관료나 학자를 상징하는 회화나무를 심어 이곳이 선비들이 사는 곳임을 상징하고 또한 동구에 느티나무를 심어 사기(邪氣)가 마을로 들어오는 것을 막았으며, 반대로 좋은 기운이 밖으로 나가지 못하게 하였다.

허한 서쪽에는 소나무 숲을 조성해 보완한 것이 그 예이며 특히 못을 파서 마을 뒷산의 거북(生龜巖, 살아있다고 여기는 거북모양의 바위)이 머물면서 마을의 안녕과 번영을 지켜주기를 바라며 의도적으로 연못과 비보(裨補)숲을 조성한데서 알 수 있다.

그 후 이 마을에서는 당대 유림의 종사(宗師)로 존경받는 백불암 최흥원을 비롯하여 영하3걸(嶺下三傑)의 한 분인 최식(崔湜), 성리학자 최효술(崔孝述), 국채보상운동 대구 대표의 한 분인 최시교(崔時

종택 사랑채

敎), 독립운동가 최종응(崔鍾應) 등 많은 인재가 배출되었다.

특히, 백불암(1705~1786)은 퇴계가 향촌사회를 교화하기 위해 만든 예안향약을 보다 현실에 맞도록 증보(增補)하여 대암이 은거했던 부인동에 동약(夫人洞 洞約)을 실시하여 주민들의 생활안정과 풍속순화에 많은 노력을 기울였다.

정조가 문효(文孝) 세자의 스승으로 전국에 어진 선비를 구할 때 좌익찬(左翼贊)에 천거되어 우익찬 순암 안정복과 인연을 맺어 사후 그가 묘지명을 쓰기도 했다.

또한 조정의 명을 받아 보본당에서 실학자 유형원의 《반계수록》 초고를 교정했다. 승정원 좌승지 겸 경연참찬관에 추증되고 저서로 《백불암집》을 남겼다.

순흥인 추산 안황 선생과 내동 안정자나무

대구공항을 지나 팔공산으로 가다가 첫 번째 만나는 고개가 파군재(破軍峙)이다. 고려 초 왕건과 견훤이 싸울 때 왕건군사가 대패한데서 유래된 고개다. 그곳에서 좌회전 신호를 받으면 파계사로 가고, 직진 신호를 받으면 동화사나 갓바위로 간다.

직진해서 그대로 쭉 나아가다보면 공산터널이 나오고 터널을 지나 첫 정류장이 미대마을이다. 이곳은 인천 채씨들의 집성촌이다. 내려서 횡단보도를 건너 좌측 편으로 인도를 따라 걷다보면 몇 집이 보이기 시작하는데 골짜기 안에 있는 마을이라 하여 내동(內洞)이라 하고 또 열재를 통해 서쪽의 서촌마을과 내왕한다.

길이 비교적 넓어 승용차도 쉽게 다닐 수 있다. 좀 더 들어가면 잘생긴 큰 느티나무가 나온다.

동구청 지정 보호수로 안내판에는 '수령이 500년으로 고려 명현 안유의 후손 안황이 애호한 정자라고 하여 안정자나무라고 하며 안정자비가 있다.'고 써 놓았다.

길손들의 쉼터 구실을 톡톡히 하고 있는 안정자나무

안유(安裕, 安珦이라고도 함 1243~1306)는 본관이 순흥으로 아버지는 밀직부사 부(孚)이며, 어머니는 강주 우씨이다. 대과에 급제 여러 벼슬을 거쳐 1289년(충렬왕 15) 왕을 따라 원나라에 갔을 때 주자서(朱子書)를 직접 베끼고 공자와 주자의 진상(眞像)을 그려 가지고 돌아왔다.

왕에게 청하여 6품 이상은 은 1근, 7품 이하는 포(布)를 내게 하여 이를 양현고(養賢庫)에 귀속시켜 그 이자로 인재양성에 충당하도록 했다.

1304년(충렬왕 30)에는 섬학전을 설치하여 박사를 두고 그 출납을 관장하게 했다. 섬학전은 일종의 육영재단으로 당시 국자감

내동마을

운영의 재정기반이 되었다.

우리나라 최초의 주자학자로 불린다. 1319년(충숙왕 6) 문묘에, 그 후 영주의 소수서원, 장단의 임강서원, 곡성 회헌영당 등에 배향되었다. 시호는 문성(文成)이다.

이런 명문의 후예인 안황(安璜)은 호가 추산(秋山)으로 원래 청송에 살았다고 한다. 임진왜란이 발발하자 화를 면하기 위해 이곳 옥정(玉井, 당시 마을 이름)으로 은거했으며 벼슬이 판결사(노비의 송사를 전담하는 장례원의 으뜸 벼슬, 정3품)였다고 한다.

팔공산 자락인 내동은 골짜기가 깊고 숲이 짙어 환란을 피하기 좋은 곳이다.

추산은 이곳에서 집을 짓고 살았는데 언젠가 폐허가 되자 손자 안신영(安信永)과 안신걸(安信傑) 형제가 추산이 살던 집 뒤에 느티나무를 심은 것이 현존하는 '안정자' 나무다.

비문에 의하면 '무더운 여름날 왕래하는 길손이나 주민들이 이 나무 아래에서 휴식하였는데 편안하기가 정자와 같다.〔安如亭子〕라고 하였고, 또 안 씨들이 이 나무를 정성스럽게 수호하고 있기 때문에 안정자(安亭子)라 불리게 되었다' 고 한다.

안황이 임란 때의 인물이고 심은 이가 손자라면 400여 년 정도의 수령으로 보아야 할 것 같다.

손자들이 할아버지가 살던 곳을 잊지 않기 위해 그 유허지에 나무를 심고 대를 이어 보살피고 있는 아름다운 미담이다. 또한 길을 걷는 나그네나 들에서 일하던 마을 사람들이 잠시나마 시원한 그늘에서 쉴 수 있게 되었으니 얼마나 고마운 일인가.

세월을 거치면서 나무도 덩치가 커져서 수관 폭이 동서 21m, 남북 25m나 되어 지금도 길손의 쉼터로 정자구실을 톡톡히 하고 있다.

특히, 용진마을에서 공산초등학교에 다녔던 노태우 대통령은 훗날 육군사관학교에서 럭비선수로 활동할 수 있었던 것은 이 길을 다니면서 다져진 체력 때문이었다고 술회한 적이 있다. 해질녘 늦은 하교 길에는 무서움을 떨쳐버리기 위해 사정없이 뛰었다고 한다.

나무를 닮고자 한 선비 괴헌 곽재겸 선생과 도동 회화나무

동구 도동은 자랑거리가 많은 동네다. 임란의병장 한천(寒川) 최인(崔認 ?~?), 전귀당(全歸堂) 서시립(徐時立 1578~1665), 괴헌(槐軒) 곽재겸(郭再謙 1547~1615) 등 조선 중기에 활동했던 세 사람이 이곳에 살았던 곳이기도 하지만 재일교포 3세로 최근 일본의 최고 부자 반열에 오른 소프트뱅크 손정의 회장의 윗대가 살던 곳이기도 하다.

문화유산도 많다. 우리나라 천연기념물 제1호인 측백나무 숲을 비롯해 용암산성(대구시 기념물 제5호), 최치원 선생의 영정(문화재 자료 제25호)과 영정을 보관하는 영당(문화재자료 제20호) 등 지정된 문화재 이외 향산구로회라 하여 아홉 분의 선비가 시회를 조직하여 자기수양과 문학의 열정을 꽃피우던 구로정과 고찰 관음사도 있다.

원래 이름은 도리동(道理洞)이었다. 괴헌의 손자 곽후창이 1696년(숙종 22) 쓴 전귀당의 행장에서 그 근거를 확인할 수 있다.

도리(道理)란 사람이 마땅히 행해야할 바른 길을 말하는 것이니

괴헌 곽재겸 선생이 아호로 삼은 회화나무와 느티나무. 마치 한 그루처럼 보인다.

세 사람 모두 충·효를 실천하며 살아온 유학자라는 공통점을 가지고 있어 마을 이름이 우연히 지어진 것이 아닌 것 같다는 생각이 든다.

동네 한 복판 측백나무가 무성한 산이 향산(香山)이다. 이름으로 보아서는 향나무가 산을 뒤덮고 있을 것 같지만 측백나무가 많다.

그런데도 향산으로 불린 것은 옛 사람들은 측백(側柏)이나 향나

밑동치를 보면 두 그루임이 확연히 구분된다.

무를 같은 나무로 보았기 때문이다.

대구읍지 산천 조에는 나가산(羅伽山)으로 표기되어 있다. 이는 낙가산(洛迦山)의 오기이다. 낙가산은 관음보살이 발현(發現)하는 중국 4대 불교 성지의 한 곳인데 그런 의미를 빌려 쓴 것이다. 다행히 관음보살을 주불로 모시고 있는 관음사에서는 정확히 낙가산으로 표기해 놓았다.

임란과 정유재란에 창의한 의병장 곽재겸 선생의 본관은 현풍으로 아호는 괴헌(槐軒)이다. 아버지 선무랑 초(超)와 어머니 이씨 사이에 1547년(명종 2) 솔례에서 태어났다.

15세에 대암 박성, 재종숙 존재 곽준과 함께 낙천 배신(裵紳)으로부터 글을 배우고, 20세에 옥산인 계동 전경창 선생에게 나아가 배움을 청했는데 계동이 근사록(近思錄)을 주면서 '이 책은 진실로 그대가 읽을 것이다.'라고 하였다고 한다.

30세에 성주의 회연서원을 찾아가 한강을 뵈옵고 《중용》과 《대학》을 강의하자 한강이 '나의 의로운 벗이다.'라고 하였으나 공은 제자의 예를 다했다고 한다.

그 후에도 수시로 한강을 찾아가 모시기를 법도에 한 치도 어긋남이 없었으며 공이 병약하여 힘들어 할 때 '우리 도(道)가 외롭다.'하였다고 한다.

여헌 장현광·낙재 서사원 등과 친교가 두터웠으며, 1573년(선조 6) 동강 김우옹의 추천으로 참봉에 제수되었으나 나아가지 않았다.

임란이 일어나자 초유사 김성일을 도와 병사를 모으는 일과 군인들이 먹을 군량을 조달하는 방안을 제시하는 한편, 서사원과 협력하여 의병활동을 펴기도 했다.

정유재란 때에는 사촌 동생 망우당 곽재우와 함께 의병을 이끌고 창녕의 화왕산성전투에 참전하여 그 공으로 부호군에 올랐다.

난이 끝난 뒤 향리에서 인재교육에 진력하다가 1615년(광해군 7) 병을 얻어 돌아가시니 향년 69세였다. 1784년(정조 8) 대구의 유호서원(柳湖書院, 지금은 없어짐)에 배향되었으며 문집으로 《괴헌집》을 남겼다.

공은 난이 끝난 후 해안의 유계(柳溪, 불로천) 위에 서사(書社)를 짓고 오로지 경전만 읽으며 후학들을 가르쳤다. 공의 제자로 대구 사림에 큰 족적을 남긴 사람으로 사월당 류시번과 동고 서사선이 있다.

아호 괴헌(槐軒)은 회화나무나 느티나무가 있는 집이라는 뜻이다. 실제로 진양인 정종로가 쓴 행장에 의하면 집 뒤에 괴목(槐木)이 있어 호로 삼았다고 한다.

400여 년이 지난 지금 한천이 살던 곳은 유허비를, 전귀당은 백원서원이 세워져 그들을 기리고 있으나 괴헌의 흔적은 찾을 길 없다.

향산 서편, 측백나무 숲을 관람하기 위해 새로 마련해 놓은 주차장 남쪽에 본래부터 자라던 수백 년 묵은 회화나무와 느티나무가 희한하게도 공생(共生)하고 있다.

혹 이 나무가 공의 아호 괴헌을 있게 한 그 나무가 아닐까 비정(比定)해 보았다.

제주목사 청백리 괘편당掛鞭堂 이영李榮과 미곡동 느티나무

조선 중기의 무신 괘편당 이영(李榮 1494~1563)은 본관이 영천(永川)이다. 선생이 팔공산과 인연을 맺은 데에는 눈물겨운 사연이 있다.

조선 초 부사직을 지낸 이현실(李玄實)에게는 대과에 급제한 보흠(甫欽)과 보관(甫款) 두 아들이 있었다. 그러나 맏이 보흠이 1457년(세조 3) 순흥 군사(郡事)로 있으면서 금성대군의 단종복위운동에 가담해 유배지 박천에서 교살되는 화(禍)를 입는다.

이 때 풍저창(豊儲倉, 대궐 안에서 생필품을 관장하는 기관) 부사로 있던 둘째 보관(甫款)이 교살된 형의 시신을 평안도 박천에서 영천까지 무려 2천리 길을 모시고 와서 장례를 치렀다.

보관은 화가 자기에게도 미칠 것을 우려하여 이름을 세보(世甫)로 바꾸고 팔공산 깊숙한 골짜기 내동에 숨어들었다. 대구는 한때 형 보흠이 수령으로 있으면서 전국에서 처음으로 사창(社倉)을 실시했던 곳이다.

청백사 옛터의 느티나무

선생은 대구 입향조 보관의 현손(玄孫)으로 1494년(성종 25) 해안현 북촌에서 태어났다. 향시(鄕試)에 당당히 합격하였으나 어느 날부터 무예를 익히며 병서를 공부하기 시작해 1514년(중종 9) 무과에 급제, 사헌부 감찰과 하동·남포·단성현감 등을 역임했다.

의주, 단천군수를 거쳐 1545년(인종 1) 정평부사로 승진하여 선정을 베푸니 관찰사가 장계(狀啓)를 올려 표창을 건의, 다시 승진하면서 경원부사로 옮기고, 또 다시 승진 회령부사로 제수되었다.

명종이 청백리 33명을 선발할 때에도 포함되었다. 1553년(명종 8) 함경남도, 이듬해에는 함경북도 병사(兵使)가 되었다.

제주목사 괘편당 이영 묘소

1554년(명종 9) 8월 23일자 《조선왕조실록》은 선생의 청렴한 모습을 다음과 같이 기술했다.

"북도 병사 이영은 본래 청렴하고 소탈한 사람으로 국가 일에만 마음을 다하고 가정 살림은 돌보지 않는 채 10여 년 동안이나 오래 서북에 있었습니다. 남도병사가 되었을 때에야 비로소 아내를 데리고 가 겨우 8~9개월 지났는데 또 북도병사가 되자 그의 아내가 이 때문에 병이나 임지에서 죽었고, 또 호상하여 귀장(歸葬)할 자제도 없다고 합니다.

몹시 불쌍하니 조묘군(造墓軍) 및 장사에 쓸 것도 제급하도록 하며… 또 이 사람이 의복을 제대로 갖추지 못했는데 지금 몹시 추운 지역에 가게 되었으니 방한 장비도 내리는 것이 어떻겠습니까? 하니 왕이 그대로 하라 하였다."고 했다.

1555년(명종 10) 병조참판으로 발령을 받아 귀경하는 중에 왕이 그의 청렴성을 시험해보기 위해 선전관을 보내 휴대품을 수색하게 했다. 그 결과 짐 꾸러미 속에서 나오는 것이라고는 낡은 이불 한 채 뿐이었다. 왕이 '너의 청백함은 일월과 같구나.'고 하며 감탄을 금치 못했다고 한다.

1558년(명종 13) 제주목사가 되었다. 학문과 생업을 장려하며 주민들을 크게 교화시켰다. 임기를 마치고 돌아오는 날 평소 애용하던 말채찍마저 관급품이라고 하여 벽에 걸어두고 돌아오니 이에 감탄한 주민들이 매월 초하룻날 참배하며 공의 청렴함을 잊지 않았다고 한다. 그 후 채찍이 썩어버리자 이번에는 그림을 그려두었으며 색이 바래지면 다시 그려 붙여 두고 집의 당호마저 '채찍을 걸어둔 집'이라 하여 괘편당(掛鞭堂)이라고 했다.

아호 괘편당은 이렇게 지어진 것이다. 이후 도총부 부총관(副摠管), 청송부사, 경상우도 병사로 근무하다가 1563년(명종 18) 병영안에서 별세하니 향년 70세였다.

《조선왕조실록》의 졸기에 의하면 '영은 청렴하고 간소하며, 여러 번 병사를 지냈으나 침해하는 일 없이 나라를 위해 충성을 다했다. 집이 대구에 있었는데 화재를 당하여 처자가 살 데가 없게 되자 임금이 가상히 여겨 집을 지어주고 의복과 식량을 주었다.'

고 했다.

슬하에 3남 3녀를 두었으며 1701년(숙종 27) 청백서원에 제향되었다. 임란 의병장 괴헌 곽재겸은 사위로 불로·공산지역에서 활동했으며, 송담 채응린(蔡應麟)은 그의 외손자이다. 두 분 다 달성 즉 대구 십현(十賢)으로 사림의 존경을 받은 분이다.

미곡동에 세웠던 청백서원(병향, 정수충)은 허물어지고 없다. 다만 작은 빗돌에 유지(遺址)라는 표석만 풀 속에 묻혀 일부러 찾아보지 않으면 보이지도 않는다.

조선(祖先)이 난으로부터 몸을 보존하고, 선생이 호연지기를 키운 팔공산 용수동 입구 청백서원 옛터 앞의 대구올레 팔공산 제3코스 '부인사 도보길'가의 큰 느티나무를 '병조참판 괘편당 이영나무'라고 하여 참다운 공직자였던 선생을 기렸으면 한다.

대구를 남달리 사랑한 조선전기의 문신 서거정 선생과 도동 측백나무 숲

동구 도동의 측백나무 숲(천연기념물 제1호)의 가치는 일제강점기 나까이 다께노신(中井猛之進)이라는 일본 식물학자에 의해 밝혀졌다.

그가 우리나라 식물을 조사하러 왔을 때, 총독과의 회식 자리에 놓인 꽃병에 애기나리가 꽂혀 있었다고 한다. 이를 본 총독이 이게 무슨 꽃이냐고 하자 '애기나리'인데 한국의 산하에는 이 보다도 훨씬 예쁠 뿐 아니라 다른 나라는 물론 일본에도 자라지 않는 꽃들이 부지기수라고 했다고 한다.

그러자 총독이 조선의 식물을 자세히 조사해 달라고 하며, 총독부의 촉탁으로 위촉하여 아낌없이 지원을 해주었다고 한다.

그 후 그는 총독부의 전폭적인 지원으로 매년 몇 개월씩 우리나라 방방곡곡을 찾아다니며 식물을 채집했는데, 이때 대구 도동으로 내려와 측백나무 숲을 확인하고 덤으로 '큰구와꼬리풀'을 발견했다.

도동의 측백나무 숲(천연기념물 제1호)

그러나 사실 이 측백나무 숲은 500여 년 전 대구를 사랑하는 선각자 서거정(徐巨正) 선생에 의해 먼저 확인되었다.

선생은 아버지 서미성과 어머니 안동 권씨 사이에서 1420년(세종 2) 태어났다. 즉 조선의 개국공신 권근(權近 1352~1409)의 외손자이다. 1444년(세종 26) 대과에 급제하여 집현전 박사를 시작으로 대사헌은 물론 6조 판서를 모두 거쳤으며, 홍문관이나 예문관 어느 한 곳의 대제학이 되어도 일신의 큰 영광인데 우리나라에서 최초로 이들 양관(兩館) 대제학을 역임하고 무려 45년간이나 공직

사가는 이 측백나무 숲을 대구 10경 중 제6경 '북벽향림'으로 노래했다.

을 수행하면서 세종을 시작으로 성종까지 모두 여섯 임금을 모시면서 조선왕조의 기틀을 다지고 문풍을 진작시키는데 크게 기여하였다.

재임 동안 세조의 왕위찬탈, 사육신의 죽음 등 큰 사건들이 끊이지 않았으나 특정 정파에 휩쓸리기보다는 맡은 바 업무를 성실히 수행함으로 여러 환란(患亂)에도 몸을 보전할 수 있었다. 선생의 이러한 인품은 당시 지독한 반체제 인사였던 김시습과도 원만

한 관계를 유지했음에서 알 수 있다.

문장과 글씨에도 능하여 《경국대전》·《동국통감》·《동국여지승람》·《동문선》 편찬에도 참여하고, 세종의 명으로 《향약집성방》을 쉬운 우리말로 정리하였다. 객관적 비평태도와 주체적인 비평안(批評眼)을 확립하여 후대 시화(詩話)에 큰 영향을 끼친 《동인시화》와 역사, 제도, 풍속 등을 서술한 《필원잡기》, 설화, 수필의 집대성이라고 할 만한 《태평한화골계전》·《사가집》 등도 저술하였다.

1488년(성종 19) 돌아가시니 문충(文忠)이라는 시호를 받았다. 대구 구암서원에 제향되었다.

고향을 유별나게 사랑해 큰 인물이 나지 않음을 걱정하고, 대구의 아름다운 열 곳 즉 제1경 금호범주(琴湖泛舟, 금호강의 돛단배), 제2경 입암조어(笠巖釣魚, 입암의 낚시질), 제3경 구수춘운(龜岫春雲, 연구산에 서린 봄 구름), 제4경 학루명월(鶴樓明月, 금학루의 보름달), 제5경 남소하화(南沼荷花, 남소의 연꽃), 제6경 북벽향림(北壁香林, 북벽의 향나무 숲), 제7경, 동사심승(桐寺尋僧, 동화사 찾아가는 스님), 제8경, 노원송객(櫓院送客, 노원역에서 보내는 손), 제9경, 공영적설(公嶺積雪, 팔공산의 적설), 제10경, 침산만조(砧山晩照, 침산의 석양) 등 〈대구십영(大丘十詠)〉의 시도 남겼다. 이 중에서 제6경 북벽향림(北壁香林)은 도동의 측백나무 숲을 두고 쓴 시이다.

北壁香林

古壁蒼杉玉槊長
長風不斷四時香
慇懃更着栽培力
留得淸芬共一香

북벽의 향나무 숲

옛 벽에 푸른 향나무 창같이 늘어섰네.
사시로 바람결에 끊이지 않은 저 향기를
연달아 심고 가꾸어
온 고을에 풍기세.

10년이면 강산도 변한다는 말과 같이 5세기가 지난 지금 제2경의 입암(笠巖)과 제4경의 금학루(琴鶴樓), 제8경의 노원(櫓院)은 자취도 없이 사라졌고, 제5경 남소(南沼)에 대해서는 그 위치마저 아직까지 밝혀내지 못하고 있다.

그러나 북벽향림은 그 많은 세월, 온갖 풍파를 이겨내고 지금까지도 울창한 모습으로 남아 있으니 감개무량하다 하겠다. 잘 보전되어야할 귀중한 문화유산이다.

팔공산은 명산답게 곳곳에 보물을 숨겨두고 있다. 고려 좌정승 정응(鄭膺)을 시조로 하는 명문 하동 정씨의 도선산(都先山)도 그 중 한곳이다. 이곳은 나라에서 공신에게 주는 사패지이자 하동정문의 시조로부터 8세까지 아홉 분의 사단(祀壇)과 묘소가 있는 곳이다.

특히, 세종의 총애를 받아 우리나라 최고의 농서인 《농사직설》을 편찬한 정초(鄭招)와 세조조 명신 문절공 정수충(鄭守忠)의 유택도 이곳에 있다. 백안 삼거리에서 팔공산으로 향하다보면 오른쪽에 서당마을이라는 안내판이 있고, 큰 돌에 '하동정씨 도선산 입구'라는 표석이 서 있다.

이곳에 내려 길을 따라 가면 고개가 나오고 오른쪽에 윤보선 전 대통령이 찬한 문절공 정수충(鄭守忠)의 신도비가 우뚝 서 있다. 더 안으로 들어가면 청백재 등 하동 정문(鄭門)의 성역이 전개된다.

공은 1401년(태종 1) 아버지 감찰 제(提)와 어머니 광주 김씨 사이에 태어났다. 다섯 살 때 어머니가 돌아가자 할아버지 정희(鄭熙)의 옛집이 있던 대구의 해안현 삼태동(현 방촌동)으로 와서 자랐다.

아버지가 병으로 눕자 대변을 직접 맛보며 정성을 다해 간병했다. 그러나 공의 정성어린 보살핌에도 불구하고 돌아가니 예법에 따라 장례를 치러 주위사람들로부터 칭송이 자자했다.

여흥 민씨 보흔의 딸과 혼인하고, 그 후 환관을 가르치는 선생이 되어 공직에 들어섰다. 세종이 재기(才氣)와 덕을 겸비한 선비로 하여금 왕자 영응대군(이름은 담, 세종의 8남)의 스승을 삼고자 하니 공이 천거되어 마침내 사부가 되었다.

세종이 수양대군에게 명하여 공의 경서와 사기에 대한 강의를 듣고 그 소감을 말하라 하니 수양이 보고하기를 "정수충은 학문만 뛰어난 것이 아니라, 덕까지 갖추어 사표가 될 만합니다." 했다.

세종은 기뻐하며 공을 사부로 명하고 연회를 베풀어 영응대군으로 하여금 사제의 예를 행하게 했다. 그 후 문종(文宗)이 동궁일 때도 같이 학문을 논하며 가깝게 지내기도 했다.

이런 왕자나 세자들과 교분을 쌓고 깊은 학문을 논하자 그들이 아버지 세종에게 공의 사람됨과 학문이 깊음을 아뢰니 세종은 경사(經史)를 고를 때 공으로 하여금 그 일을 하도록 하였다고 한다.

1450년(문종 1) 마침내 문과에 급제하여 처음 전농주부가 되었다. 수양대군이 문종께 아뢰기를 "선왕께서 일찍이 교시가 있기

하동 정씨 시조 사단(祀壇)이 있는 도선산 송림

를 정수충이 만일 과거에 오르면 크게 써 보겠다고 하신 일이 있습니다."하니 문종이 "누구와 같이 그런 의논을 하였느냐?"고 물었다.

이때 수양이 "모든 대군이 다 있었습니다."하자 문종이 공을 서학교수와 승문원 부교리를 겸하게 하였다. 그러나 재위 2년 만에 돌아가니 어린 단종이 그 뒤를 이었다.

수양대군이 황보 인, 김종서 등 반대파를 숙청하고 왕위에 올라 각자의 역할에 따라 공훈을 정하니 공은 좌익공신(佐翼功臣) 3등이 되었다.

정수충 초상화
(충북 유형문화재
제159호)

그러나 뚜렷한 공적이 없다며 훈호(勳號)를 내려도 좋아하지 아니하였다고 한다.

1463년(세조 9)에는 성균관 대사성, 1465년(세조 11) 집현전 직제학으로 승진되면서 하원군(河原君)에 봉해졌다. 1469년(예종 1)에는 의정부 좌찬성(종1품)에 이르렀다.

이후 병으로 벼슬을 사직하였으나 봉조하(奉朝賀, 종신토록 녹봉을 받으나 실무는 보지 않고 의식에만 참여하는 벼슬)로 예우를 받았다. 그해 69세로 이승을 마감했다.

이곳 선영하에 예장을 하니 나라에서 사패지로 주었다. 시호는 문절(文節)이고, 대구의 청백서원, 광주 화담사에 제향되었다.

충북 청원군 옥산면의 문절영당에 공의 영정(충북 유형문화재 제 159호)이 전해온다. 선생이 배향된 청백서원은 빈터만 남아 있고, 영정 또한 멀리 떨어져 있다.

서원의 복원은 뒤로 미루더라도 영정은 복사를 해서 이곳 묘역 내 청백재에 걸어두어 많은 사람들이 보게 했으면 한다.

공은 조선조 대구 출신으로는 3번째 문과에 급제한 사람이다. 명문 하동정씨들은 도선산의 푸른 송림처럼 본향에서보다 대구에서 더 빛을 발하고 있는 것 같다.

소외된 사람들의 대모 육영수 여사와 영남이공대학교 교정의 전나무

영남이공대학교 교정에는 육영수 여사가 1972년 4월 12일 심은 전나무 한 그루가 있다.

충북 옥천 출신인 영부인이 대구와 인연을 맺은 것은 1950년도 저물어가는 12월 12일이었다.

이 날 계산성당에서 한 쌍의 신랑신부가 허억 시장의 주례로 결혼식을 올렸으니 신랑은 조국근대화를 이룩한 박정희 대통령이었고 신부는 영부인이 된 육영수 여사였다.

전쟁 중이라 미처 주례를 찾아보지 못하고 청첩장만 보냈더니 주례석에 등단한 허 시장은 '신랑 육영수 군과 신부 박정희 양'이라고 불러 폭소를 자아내게 했다고 한다. 당시 신랑은 34세 육군 중령으로 9사단 참모장이었고, 신부는 26세 아리따운 처녀였다.

삼덕동 1가 5-2번지 셋방에서 신혼살림을 시작하여 1952년 박근혜 대통령이 태어나고 이내 서울로 올라갔으니 영부인의 대구 생활은 2년 남짓했던 것 같다.

육영수 여사가 심은 영남이공대학교 교정의 전나무

두 분이 처음 만난 곳은 피난지 부산으로 신부의 이종 6촌 오빠이자 신랑의 대구사범학교의 1년 후배인 송재천 씨가 중매했다고 한다.

육영수 여사는 아버지 육종관(陸鍾寬)과 어머니 이경령(李慶齡) 사이에서 1925년 태어났다. 옥천의 죽향국민학교를 마치고 서울로 유학하여 배화여고를 졸업한 뒤 옥천여자중학교 교사로 근무했다. 1950년 전란으로 부산에 피난 중일 때 박정희 전 대통령과 만나 그 해 12월 대구에서 혼인하여 슬하에 1남 2녀를 두었다.

1961년 박정희 장군이 5·16 군사 혁명을 주도하여 성공한 뒤 1963년 10·15 총선거에서 6대 대통령에 당선되고 연임됨에 따라

박정희 대통령과의 결혼식 사진

대통령 영부인으로 내조하였다.

만년의 공직은 양지회(陽地會) 명예회장과 자연보존협회 총재였으나, 평소 재야 여론을 수렴하여 대통령에게 건의하기를 계속하는 가운데 '청와대 안의 야당'이라는 말도 들으며 남산에 어린이회관을 설립하는가 하면, 어린이대공원을 조성하고 정수기술직업훈련원 설립을 비롯하여 재해대책기금조성과 정신박약아돕기 운동 등 사회의 그늘진 곳을 직접 찾아다니며 분망한 일과를 보내었다. 어린이 잡지 《어깨동무》 창간과 서울대학교 기숙사 정영사를 건립하였다. 경향 각처의 여성회관 건립은 물론 연말마다 고아원, 양로원을 위문하여 따뜻한 구호의 손길을 미쳤고, 전국

77개소의 음성나환자촌까지 일일이 순방하면서 온정을 베풀었다. 1974년 8·15 광복절 기념식이 열린 서울국립극장에서 문세광에 저격당하여 서거하시니 향년 49세였다.

박정희 대통령 저격사건에 희생양이 된 격이어서 애도 인파가 청와대에 연일 쇄도하였는데, 국민장으로 진행된 영결식은 각국의 조문사절과 내외인사 3,000여 명이 참석한 가운데 엄숙하게 거행되고 이날 오후 국립묘지에 안장되었다.

묘비는 백일탈상 하루 전인 1974년 11월21일에 제막되었으며, 이듬해 기념사업회가 발족되어 추모책자를 펴냈다. (참고자료 : 박정희대통령기념사업회)

대구에는 육영수 여사가 심은 전나무와 달리 박정희 전 대통령과도 관련된 또 다른 나무 한 그루가 있으니 다른 장에서 소개한 경북대학교 사범대학 부설 중·고등학교 교정의 수양버들이다.

2013년 4월 8일 박근혜 대통령은 달성군에서 가져간 수령 20생의 이팝나무를 청와대 경내에 심었다고 한다. 달성군민의 군목(郡木)이기도 하지만 박정희 대통령이 특별히 좋아했던 나무라고 한다. 이밥(쌀밥의 다른 말)은 커녕 보리밥도 제대로 못 먹던 시절, 쌀알을 닮은 이팝나무 꽃을 보며 이 땅에 배고픔의 한을 몰아내려는 결심을 다짐했던 나무라고 한다.

하얗게 핀 꽃을 보며 아버지 못지않은 훌륭한 대통령으로 국민의 마음속에 자리잡는 대통령이 되었으면 한다.

3
북·수성구지역

소설 〈객사〉의 저자 이태원과 칠곡향교 은행나무

소설가 이태원은 불과 28세라는 젊은 나이에 동아일보 창간 50주년기념 장편소설 공모에 〈객사〉가 당선되었다. 그 작품은 문단 사상 최초로 방송 3사(KBS, MBC, TBC-TV(현 KBS-2 TV))가 특집으로 방영했으며, 국립극단이 3·1절 60주년 기념연극으로 서울, 부산, 대구 등 주요 도시에 순회 공연하였다. 이외에도 소설 〈개국〉과 〈낙동강〉이 지역 유력 일간지 매일신문에 연재되었으나 대구문단에는 거의 알려지지 않은 소설가이다.

최근 이태원(1942~2008)의 문학비 건립사업을 칠곡초등학교 동창회에서 추진하고 있다.

작가의 문학적 업적을 감안한다면 한국문단이나 대구문단이 나서야 할 일이다. 그런데도 칠곡초등학교 동창회가 주관하고 있는 것은 칠곡초등학교가 100년 동안 많은 인재를 배출했지만 작가의 남다른 고향사랑이 후배들에게 귀감이 되기 때문이라고 한다.

후배 배종찬 님은 《동문100년 지》에 기고한 글에서 "이태원 선

작가의 소설 〈객사〉에 등장하는 칠곡향교 은행나무

배처럼 고향을 사랑하는 사람은 많을 것이다. 그러나 이 선배처럼 고향 '칠곡'을 알리려 한 사람은 많지 않다고 생각한다. 그는 소설 〈객사〉에서 고향에 대한 간절한 향수만이 아닌 고향사람들의 강직한 성격을 보여주었다."고 했다.

작가는 본관이 경주로 아버지 이재완과 어머니 김복쇠 여사 사이에 8남매 중 장남으로 1942년 북구 읍내동 교동마을에서 태어났다. 아버지가 전매청에 다녀 남부럽지 않게 어린 시절을 보내고 공부도 잘해 늘 1~2등을 놓치지 않는 우등생이었다고 한다. 이런 그에 대한 가족들의 기대 또한 컸다고 한다.

소설가 이태원

명문 경북고등학교에 입학한 그는 독서광으로 글재주가 뛰어나 고 2때 이미 지방문학지 단편소설 공모에도 당선되었다고 한다. 그 후 대학 진학을 포기하고 서민들의 밑바닥 생활을 경험하기 위해 잡역부, 장돌뱅이로 떠돌다가 1969년도에는 구로공단에서 노동자로 일하며 그 경험을 바탕으로 수십 편의 습작을 써서 공모전에 응모했으나 번번이 탈락하는 아픔을 겪기도 했다. 그러나 1970년 동아일보 창간 50주년 기념 공모전에 〈객사(客舍)〉가 당선되면서 화려하게 중앙 문단에 진출했다. 그 후 자유실천문인협회에 가입해 고은, 이호철, 이문구, 박태순, 황석영 등 한국문단의 기라성 같은 소설가들과 함께 활동을 했다. 그러나 폐암을 극복하지 못하고 2008년 돌아가시니 향년 69세였다.

부인 박숙행 여사와 사이에 아들 승호, 딸 승미를 두었다. 작품으로 장편 〈객사〉, 〈개국〉, 〈낙동강〉, 〈0의 행진〉, 〈초야〉, 〈꿈꾸는 버러지들〉, 〈가로등〉이 있고, 중편으로 〈유야무야〉, 〈우리들의 봄 춘자〉, 〈단양 아리랑〉이, 단편으로 〈밤길〉, 〈졸리고 있는 말〉, 〈돌을 던져라〉, 〈사명〉, 〈하늘이여 땅이여〉 등이 있다.

출세작 〈객사〉는 전국적인 명성을 얻은 작품이지만 무대는 칠곡향교, 행고마(향교가 있는 마을), 송림사, 한티재, 조피골, 칠곡장, 팔거천, 파계사, 대왕재, 학정동, 남창골 등 칠곡 토박이들이면 다 알 수 있는 곳이다.

주인공은 지체 높은 양반가의 종이었으나 남편이 동학과 독립운동을 하다가 몰락한 마님을 아내로 맞아 향교 고지기로 어렵게 살아가는 송판돌과 그들 가족들이 가진 자의 학대와 제도의 굴레를 꿋꿋이 이겨내며 살아가는 이야기다.

선생은 작가의 말을 통해 '고향은 지금 상전벽해가 사실이라는 듯 몰라보게 달라져 있고, 또 쉼없이 달라져 가고 있다. 옛날의 산과 들, 개천과 둔덕, 길과 집, 사람의 숨결이 흔적도 찾을 수 없을 정도로 달라져 가고 사라져 가고 있다. 오죽하면 칠곡이라는 지명도 없어졌다.' 라고 한탄했다.

소설가 이호철은 작품 〈객사〉를 두고 '조선의 일제강점기 시대와 3·1운동의 민족적 대 함성을 시대배경으로 한 이 작품은 여타 작품이 다루지 못한 시대상을 시민의식의 찬연한 승리를 통해 극명하게 보여주고 있다. 찰진 문장과 톱니바퀴 같은 구성력, 생생한 인물상 등은 시대를 초월해 오랫동안 읽히기에 모자람이 없다.'고 평가했다.

작가가 대표작 〈객사〉에서 '향교의 은행나무 한 둥치를 벴다가 중병을 얻어 병몰한 큰사위 허 목수'라고 표현했던 칠곡향교 대성전 앞의 은행나무는 고인이 된 작가와 달리 아직도 건재하다.

독립지사로, 소설가로 다양한 삶을 살다간 최고 선생과 국우동 감나무

1981년 대구시에 편입된 북구 읍내동 일원은 30여 년이 지난 지금도 이름이 정착되지 못하고 있다. 1,000여 년 전 별호로 칠곡(七谷, 고려사)이라는 이름이 등장했고, 1640년(인조 8) 팔거현이 칠곡도호부로 승격하면서 칠곡이라는 이름이 쓰여 왔으나 1996년 칠곡출장소가 폐지되면서 공식적으로 사용할 수 없게 되었기 때문이다.

그러나 향교, 농협, 초등학교, 나들목 등은 '칠곡'을 그대로 쓰고 새로 생긴 경찰서는 '강북'으로, 지역 축제는 '옻골'로 다양하게 부르고 있어 혼란스럽다.

특히, 대구 편입 이후 도시화가 급격히 진행되면서 목가적인 옛 모습은 찾을 길 없어졌다. 비유가 좀 비약되었지만 독립지사이자 소설가인 최고(崔杲)의 경우도 비슷하다고 하겠다. 25여년을 국우동에서 살았고 살던 집이 아직까지 남아있음에도 지역에서는 잊혀진 인물로 보이기 때문이다.

독립지사이자 소설가 최고가 만년을 보낸 국우동 도남정사의 감나무

선생은 본관이 전주로 1924년 해윤의 4남 중 둘째로 서구 원대동 부유한 집에서 태어났다. 아호는 추운(追雲)으로 왜관에서 초등학교를 마쳤다. 서울의 명문 경복중학교를 다니면서 반일 지하단체 흑백당(黑白黨)에 가입했다.

친일파와 일본 고관을 처단하기 위해 만주에서 활동하다가 일경에 체포되어 징역 5년을 선고받고 대전형무소 수감 생활 중 해방이 되어 풀려났다.

그 뒤 보성전문학교(현 고려대)를 졸업, 한영고등학교 영어교사로 근무하였고 1955년《예술집단》에 〈ㅅ 부인의 엉덩이〉가 당선

최고 선생의 묘소(신암선열공원)

되어 소설가로 등단했다.

화가인 주인공이 모리배 'ㅅ' 씨의 애처(愛妻) 'ㅅ' 부인의 전신을 그려야 되는데 엉덩이만 그려 준 일 때문에 일어난 사건을 묘사한 작품이다. (《대구문단 이야기》, 이수남)

1964년 대구로 내려와 대구중, 대구상고에서 교편생활을 했다. 상당한 재력을 가진 누이가 시내에 살고 있었으나 시인이자 소설가였던 최광렬과 친하게 지내며 때로는 그 집 단칸방에서 묵기도 했었다고 한다.

선생이 국우동 끝자락 외딴집에 살고 있을 때 칠곡중학교에는 시인 전상렬이 국어교사로 재직하고 있었다. 관사가 허름해 교장이 살지 않자 가족을 불러 관사에서 생활했다고 한다.

당시 칠곡중학교 2학년이었던 한영기님에 의하면 주말이면 팔거천에서 천렵을 즐겼다고 한다. 청마 유치환, 목인 전상렬, 추운 최고 셋이 물고기를 잡아 매운탕을 안주로 술판을 벌였다고 한다.

후에 도광의 시인과 자주 어울려 퇴근 무렵 최고가 대건고등학교에 전화를 걸어 '내다' 하면 도광의는 '옥이 집에 있으소' 했다고 한다.

선생은 독신으로 지내며 쌀 한 가마 집에 들일 줄 모를 만큼 가사에 관심이 없었다고 한다.

1977년 건국훈장애족장을 받고, 1984년 대구시문화상(문학부문)을 수상했으며, 1988년 올림픽으로 전 국토가 흥분했던 그해 8월 불의의 교통사고로 운명하고 신암선열공원에 안장되었다.

대표작으로 〈두 친구〉, 〈유치장〉, 〈산다는 것〉, 〈바람 부는 대로 물결치는 대로〉, 〈새야새야 파랑새야〉 등이 있다.

옛 칠곡은 인구 22만 명으로 덩치만 커졌지 문화적인 토양은 척박하다. 이런 면에서 최고 선생의 애국정신과 문학에 대한 열정은 지역민의 삶을 풍요롭게 하는 자양분이 될 수 있다.

그러나 1899년(고종 39) 선생의 증조부가 지어 서당으로 사용했던 도남정사(道南精舍)는 독립지사이자 소설가가 살던 집이라고 하기에는 너무 퇴락했다.

선생과 함께 술과 문학, 인생을 논했던 도광의 시인은 '…한로에 내린 아침 이슬/상강의 저녁 풀에 떨어지는/혼자 사는 적막한 마을/마른 가지 울리며 지나가는/짧은 하루가 지나가는/개 짖는 소리/간간이 들릴 뿐/사람의 발길 뜸해진다.…'고 〈국우동〉을 노래했다.

작가를 새롭게 현창할 필요가 있다. 이어 마지막까지 함께했던 도(都) 시인의 시비도 국우동 어디쯤 하나 세우면 좋겠다는 생각이 든다.

작가의 만년을 지켜보았을 옛집의 감나무 한 그루 홀로 서서 올해도 어김없이 열매를 달고 있으니 보는 이의 가슴을 더 아프게 한다.

대구에 문풍을 진작시킨 한강 정구 선생과 한강공원 섬뫼숲

북구 금호택지개발지구내에 한강 정구(鄭逑 1543~1620)를 기념하는 '한강공원(寒岡公園)'이 한국토지주택공사에 의해 조성되었다.

곽재우 장군을 기리기 위해 조성한 망우당공원과 우배선 장군을 기리기 위해 조성한 월곡역사공원과 더불어 공원 이름에 특정인의 아호를 붙인 대구에서는 세 번째 공원이다.

성주 출신인 한강을 기념하는 공원이 이곳에 조성된 것은 생애 마지막 6년을 이곳에서 보내며 지역에 많은 선비들을 양성하여 대구의 문풍을 진작시키는데 큰 공헌을 했기 때문이다.

선생은 창녕 현감을 시작으로 강원도관찰사, 안동부사, 대사헌, 형조참판 등 내·외직을 두루 거치고 낙향하여 학문연구와 후학 양성에 몰두하다가 칠곡의 노곡(현 칠곡군 지천면 신리)에 머물렀다.

그러나 집이 불타고 그동안 지은 많은 책이 소실되어 거처하기도 어렵게 되자 72세의 노구를 이끌고 이곳으로 왔다.

성균관대학교 이우성 명예교수는 유허비문에서 다음과 같이

한강 정구 선생이 만년에 소요하던 섬뫼숲

평했다.

선생의 호는 한강(寒岡), 시호는 문목(文穆)이요, 본관과 성은 청주 정씨로서 선대는 서울에서 세거했는데 부친 사중은 한훤당 김굉필 선생의 외손으로 현풍에서 성주 유촌에 옮겨 살면서 선생을 낳았다.

1543년(중종 38)이었다. 천자가 영특한 선생은 일찍 학문에 뜻을 품어 17세에 성주향교에서 덕계 오건에게 배우고, 이어서 21세에 안동으로 퇴계 이황을, 그리고 24세에 진주로 남명 조식을 배방

한강 선생 유허비

하여 제자의 예를 닦았다.

당시 퇴계와 남명은 영남 좌, 우도에서 각기 크게 강석을 열고, 전국의 인재들은 장진함으로서 학풍이 울홍케 했는데, 좌도의 학풍은 인(仁)을 주로 하고, 우도의 학풍은 의(義)를 주로 하였다. 그런데 도산과 덕천 두 사문으로부터 학풍을 흡수 소화하여 자기를 대성한 분이 바로 한강 정구 선생이었다.

특히 대구의 괴헌 곽재겸, 낙제 서사원, 모당 손처눌, 아헌 송원기, 낙애 정광천, 투암 채몽연, 양직당 도성유, 낙음 도경유, 태암 최동집, 도곡 박종우 등이 있고 현풍의 존재 곽황, 성제 곽준,

바로 제자라 할 수는 없지만 달성의 대암 박성 등이 모두 가까운 종유로서 선생의 학문적 영향권에 속해 있었다.

대구는 영남일도의 중앙에서 새로이 달구벌의 얼을 일깨우고, 정신을 풍요롭게 하여 국내 어느 웅주거목보다 높은 영예를 향유하게 되었다.

수제치평에 바탕을 둔 선생의 학문은 심학, 예학 등 성리학에의 깊은 조예와 함께 박학, 달식으로 과다한 저술을 남겼다. 정치, 법제, 역사, 지지 내지 의학의 분야에까지 범위를 넓혔다.

치평의 사명감에서 애민우국의 정열을 잠시도 식힐 수 없었으며, 따라서 그의 학문이 응용구시의 고차원으로 나아갔던 것이다. 선생의 이러한 응용구시적 학문경향은 젊은 제자인 미수 허목을 통하여 근기지방에 전수됨으로써 후일 성호 이익, 다산 정약용 등의 근기철학을 창출케하였다.

거처를 옮긴 선생은 마을 이름 사빈(泗濱)을 사수(泗水)로 바꾸고 사양정사를 지어 후학을 양성했다. 사수가 공자의 고향에 있는 강 이름인 것을 보면 이 마을을 유교의 본향으로 만들고자 했던 것 같다.

중풍으로 몸이 불편했으나 학문에 대한 열정은 오히려 더해 〈오선생예설〉을 고쳐 짓고, 〈예기상례분류〉, 〈오복연혁도〉를 완성시켰으며 김성일의 행장과 정여창의 실기를 지었다. 또한 낙동강 수운을 이용해 동래온천을 다녀오기도 했으나 1620년(광해군 12)

78세로 돌아가셨다.

재미있는 것은 금호택지개발지구는 이름과 달리 대상면적의 90%가 사수동이다. 그런데도 굳이 금호지구로 이름을 붙인 까닭은 사수의 사(泗)자가 발음 상 죽을 사(死)와 같아 분양에 차질이 있을 것 같았기 때문이라고 한다. 유학의 본향이 사수이고 대 성리학자 한강이 명명한 것이라고 하니 그 때에는 그런 깊은 뜻을 몰랐다고 한다.

공원이 조성되기까지 주민들, 지역유림, 청주정씨대종회의 도움이 컸지만 처음으로 공원 조성을 제안한 '달구벌 얼 찾는 모임'의 문제제기가 기폭제가 되었다. 사양정사가 복원된 '섬(蟾)뫼' 즉 두꺼비 산의 솔숲은 금호강변의 관어대와 더불어 한강 선생이 소요하던 곳이기도 하다.

16세기 선비들의 사교장 압로정 주인 송담 채응린 선생과 검단동 회화나무

금호강을 사이에 두고 대구공항이 있는 동쪽은 넓은 평야지대인데 비해 서쪽의 검단동은 그리 높지 않는 산이 남북으로 길게 뻗어있다. 그곳에 지금은 허물어져 흔적조차 찾기 어렵지만 3~4세기에 쌓은 토성이 있다.

대구부사 정경세가 기우제를 지냈고, 조선 전기 쾌편당 이영의 압로정(鴨鷺亭)과 1824년(순조 24)에 지은 다의당 채귀하와 송담 채응린, 양전헌 채선견을 기리는 서산서원도 있었던 곳이다.

그러나 이런 역사적인 유적이 산재한 산이 지도상에 이름이 없다. 산의 이름은 조림, 육림, 산불방지 등 산림행정을 펼치는데 중요한 지표가 되는데 그런데도 이름이 없으니 검단동에 있는 산이라 하여 검단산으로 부르기도 하는 등 혼란이 있다.

즉 비슷한 시기에 축조된 용암산성, 용두산성 등은 이름만 들어도 그 산성이 용암산과 용두산에 있다는 것을 쉽게 알 수 있다.

그런데 이곳 토성은 '검단동 토성'이라고 이름을 붙였으니 넓

압로정 회화나무

은 검단동 어디에 있는 성인지 이해하기 어렵다.

최근 〈유림신문〉에 연재되었던 구본욱(대구향교 장의)의 '송담(松潭) 채응린(蔡應麟 1529~1584)'을 읽고 이름이 없었던 것이 아니라, 있었는데도 몰랐다는 사실을 확인할 수 있었다.

구(具) 장의는 '왕옥산(王屋山)'이라고 했다. 중국의 전설적인 인물 황제(黃帝)가 찾아가 도를 물었다고 하는 신선들이 사는 산을 일컫는데 송담이 따왔다고 한다.

송담이 외조부 이영으로부터 압로정을 물려받은 것은 1561년(명종 16)이었던 것 같다. 정유재란 시 왜군의 만행으로 소실되고 그 후 복원했으나 다시 불타고 1796년(정조 20) 후손 채필훈에 의

왕옥산과 압로정

해 중건되고 다시 부분적인 수축을 거쳐 오늘에 이른다.

전경창, 정사철과 더불어 대구지역에서 최초로 강학을 연 분으로 대구가 문향으로 자리잡는데 초석을 놓은 분이다.

본관이 인천으로 아호가 송담(松潭) 또는 탄은(灘隱)이며 1529년(중종 24) 참봉 채홍(蔡泓)과 어머니 영천 이씨 사이에 후동(後洞, 현 서성동일대)에서 태어났다.

천성이 총명하고 재주가 뛰어났으며 일찍부터 벼슬에 나아가기 보다는 인격완성을 목표로 공부하였다고 한다.

계동 전경창(全慶昌)에게서 퇴계의 학문을 전수받았다. 1555년(명종 10) 27세 때 진사시에 합격했다. 그러나 을사사화를 보고 더 이상 과거에 뜻을 두지 아니하고 수신에 힘썼고 경학과 성리학을 연구하였으며, 이름난 선비들과 시를 읊으며 속세를 벗어난 삶을 누렸다.

한강 정구와도 친구처럼 지냈으며 학행과 문장으로 사림의 존경을 받았다. 1584년(선조 17)에 56세로 돌아가니 공의 학덕을 추모하는 여러 사람들의 발의로 유호서원과 서산서원에 제향되었다.

저서로 〈송담실기〉가 있다. 낙재 서사원이 공의 제자이고, 한강의 수제자 이윤우는 사위이다.

압로정은 한강 정구가 45일간 동래에서 온천욕을 행하고 돌아오던 길의 마지막 숙소이기도 했고, 당시 고을 수령으로 최고위직 관료였던 윤훤 등 11명의 관찰사와 권문해 등 12명의 대구부사 그 외 곽재겸, 손처눌 등 수백 명의 문인들이 찾아와 시와 학문을 즐기던 이름난 사교장이기도 했다.

16~17세기 금호강에는 강정의 부강정, 무태의 세심정과 검단의 압로정이 있어 선비들이 뱃길로 왕래하며 시를 짓고 선유(船遊)를 즐기던 강안문학(江岸文學)의 요람이었다.

그 중심에 압로정이 있었다. 부강정, 세심정은 사라졌으나 압로정 만은 후손들의 지극한 보살핌으로 오늘날까지 보전되고 있다. 그러나 지금은 한적한 곳이 되었다.

금호강을 크게 정비하면서도 뱃길은 이어지지 못했고, 높은 명성에도 불구하고 문화재로도 지정되지 못했다. 선생은 소나무를 좋아해 정자 주변에 많이 심고 아호에도 송(松)자를 썼다.

하지만 지금의 압로정에는 소나무가 없고 큰 회화나무만 있어 이곳이 대구의 대표적인 선비들의 사교공간이자 자연을 즐기며 학문을 연마하던 곳이었음을 말해주고 있을 뿐이다.

연경서원 재건에 앞장섰던
의병장 태암 이주 선생과 서변동 왕버들

대구에서 제일 살기 좋은 곳으로 1파2무(一巴二無) 또는 1무2파(一無二巴)라는 말이 있었다.

즉 어떤 사람은 파동이 제일 좋은 곳이라 하고, 어떤 사람은 무태가 제일 좋은 곳이라고 한다는 뜻이다. 두 곳 다 좋은 곳이지만 굳이 말하라고 한다면 파동이었던 것 같다.

파동은 일찍부터 명문 옥산 전씨들의 텃밭이었다. 그 후 대사헌을 지낸 중화인 양희지의 둘째 아들 양배선이 처향인 이곳에 자리잡았고, 조선 전기 창녕 현감을 지낸 인천인 이말흥(李末興)이 처음 자리잡은 곳도 역시 이곳인 점이 그렇다.

특히, 인천 이씨들이 향반으로 발돋음한 것은 태암(苔巖) 이주(李輈)로부터 비롯된다고 할 수 있는데 그 역시 1556년(명종 11) 파동에서 태어났다.

공은 아버지 이문성과 어머니 창원 황씨 사이에 태어났다. 14세

성북초등학교 구 정문 앞에 있는 왕버들

되던 해 계동 전경창에 나아가 제자의 예를 갖추고 그해 영양 최씨와 혼례를 치르고 이듬해 무태로 거처를 옮겼다.

23세 때 서실을 짓고 대곡정사라고 편액을 걸었으며 당대 명사였던 장현광이 방문하여 강론하였을 만큼 이미 명망 높은 선비였다.

1582년(선조 15) 금호강가에 환성정을 건립하였다. 1584년(선조 17) 어머니의 권유로 향시에 응시 생원, 진사, 동당 세 시험에 모두 장원하자 주변 사람들이 삼장원(三壯元)이라 칭송하였다.

이어 회시에 응시, 강경(講經, 경서에 정통한 사람을 뽑는 과거에서, 시험

환성정

관이 지정하는 경서 중의 몇 구절을 욈)을 보는데 차례대로 잘 외우다가 대학에 이르러 멈췄다.

당시 시험 감독관은 공교롭게도 스승 계동이었다. 안타까운 마음에서 가죽신을 긁어 다음 글자를 써 보여주었으나 돌아보지 아니하고 시험장을 나왔다. 훗날 계동에게 '임금을 속이는 일은 나의 뜻이 아닙니다'라고 하였다고 한다.

임진왜란이 일어나자 창의했다. 왜장이 부교(浮橋)를 만들어 도강하려고 할 때 500명의 기마병을 이끌고 가서 수백 명의 적을 죽이고 군량을 실은 수레와 병기를 노획했다.

낙재 서사원이 상을 당해 의병장 임무를 내놓자 뒤를 이어 모당 손처눌과 함께 주관했다.

학봉 김성일이 경상우도 감사가 되어 임지로 가려하였으나 왜군이 길을 막고 있어 난감해했다. 이때 공이 나서서 1백여 명의 기병으로 호송했다.

1593년(선조 26) 또 다시 모당이 상을 당하자 혼자 의병장 역할을 수행했다. 팔거(현 북구 읍내동일대)에 주둔하고 있던 명나라 장수 유정(劉綎)이 군량 모으는 일로 공을 찾자 대책을 마련해 주었다.

1594년(선조 27) 거창에서 체찰사 한음 이덕형을 만나 군무를 논했다. 한음이 공의 인물됨을 보고 임금께 천거하려 했으나 완강히 거절하자 더욱 무겁게 여기고 둔전(屯田, 병사의 군량을 자급하기 위해 설치한 전답)을 관리하는 임무를 맡겼다. 1597년(선조 30) 곽재겸, 권응수와 함께 달성에서 적을 쫓아 군수품과 병기를 노획했다.

1598년(선조 31) 임란 시 불타버린 연경서원에 학당을 세워 강좌를 개설하니 손처눌, 곽재겸, 채몽연 등이 참여했다.

이듬해 대곡정사의 이름을 육휴당으로 바꾸었다. 평소 가깝게 지내던 벗들과 임란 때 불탄 향교를 달성(현 달성공원)으로 이건하는데 참여하여 상량문을 지었다. 이해 집에 불이 나 서책과 문적을 모두 태워버렸다.

1600년(선조 33) 호를 태암으로 고쳤다. '푸른 이끼와 흰 돌이 있는 산수 사이에 깃들어 산다' 는 뜻이다. 1603년(선조 36) 장현광, 서사원, 손처눌, 도여유, 손린 등과 선사(仙査, 현 금호강 하류)에 배를 띄워 선유를 즐겼다.

다음해 돌아가시니 49세였다. 1806년(순조 6) 서계서원에 제향되었다.

저서로 《태암집》이 있다. 〈봄은 고양이로다〉의 시인 이장희, 애국지사 이경희, 강희 형제가 공의 후손들이다.

공은 문약한 선비였지만 일신의 안일을 버리고 나라가 위급하자 목숨을 내 놓고 전장에 뛰어들었으며, 전란이 끝나자마자 대구향교와 연경서원 재건에 앞장섰다.

전원이었던 무태가 아파트 단지로 바뀌면서 공을 기리는 서계서원도 일부러 찾지 않으면 쉽게 접할 수 없는 구석진 곳으로 변했다.

공이 대구사회에 기여한 공을 감안하면 크게 현창되어야할 분이나 그렇지 못해 아쉽다. 성북초등학교 앞 큰 왕버들은 태암의 활동근거지였던 서변마을을 지켜온 나무다.

능성 구씨 무태 입향조 계암 구회신 선생과 동변동 느티나무

무태 일대가 지금처럼 개발되기 전, 그때에는 동화천을 가운데 두고 동쪽은 동변동, 서쪽은 서변동이라 불렀고 동사무소도 따로 있었다. 팔공산에서 발원하는 동화천의 풍부한 수량과 기름진 들녘은 농사짓기에 알맞아 풍족하지는 못해도 여유 있게 살았다.

특이하게도 동쪽의 동변동은 능성 구씨들이, 서쪽의 서변동에는 인천 이씨들이 집성촌을 이루어 때론 협조하고 때론 경쟁하며 살았다. 그런데 본관지가 각기 전라도와 인천인 그들이 어떻게 이곳에 터를 잡아 많은 인재를 배출하며 선비집안으로 발돋움했는지 늘 궁금했다.

특히, 동변동은 유니버시아드선수촌을 건설할 때 강둑의 아름드리 왕버들 11그루를 보존하는데 힘을 썼던 인연이 있어 더 애착이 가는 곳이다.

산악인 전병견님으로부터 대구향교의 기관지 '유림신문'에 향토선현들의 발자취를 연재하고 있는 구본욱님을 소개받아 능

동변동의 느티나무

성 구씨 재사인 표절사, 화수정, 창포재 등을 돌아보는 기회를 가졌다.

능성 구씨가 이곳에 자리잡은 것은 계암(溪巖) 구회신(具懷愼 1564~1634)으로 비롯되었다.

고려 벽상공신 삼중대광 검교상장군 구존유(具存裕)가 선생의 비조다. 이후 크게 이름난 분들이 많았는데 구예(具藝)는 중대광 판전의사로 면성부원군이고 구위(具褘)는 중현대부 소부윤(少府尹)으로 역시 면성부원군이며 시호는 문정(文貞)이다.

문정공의 아들 구홍(具鴻)은 호가 송은(松隱)으로 벼슬이 삼중대광 문화시중에 이르렀다. 그러나 고려가 망하자 두 임금을 섬기지 않겠다며 망국의 신하로서 절의를 지켰다. 태조 이성계가 좌

표절사

정승을 제수하며 세 번이나 불렀으나 끝내 나아가지 아니하고 죽은 뒤에도 명정에 조선이 내린 관직명을 쓰지 말 것을 유언으로 남겼다.

그 후 돌아가심에 좌정승으로 썼더니 회오리바람이 불어 저절로 3차례나 찢어졌다고 한다. 다시 '고려 문화시중'으로 쓰자 비로소 가만히 있었다고 한다. 시호는 문절(文節)이며 두문동 72현의 한 분으로 이곳 동변동의 표절사와 개성의 두문동서원에 배향되었으며 실기가 전한다.

문절공의 손자 송계 구익령(具益齡)이 학행으로 천거되어 태종

조에 의성군사(군수)로 내려와 의성에 정착했다.

계암은 아버지 종사랑 구대성(具大成)과 어머니 옥천 황씨 사이에서 1564년(명종 19) 의성 순호리에서 태어났다.

어린 시절 또래들과 놀 때도 무예를 즐겼으며 커서는 경사(經史)를 통독하는 한편 말 타기와 활쏘기에도 게을리하지 않았다.

임란이 일어나자 '지금 임금이 피난가고 종사가 거의 무너지게 되었는데 신하된 자 달아나 숨을 것이 아니라, 진실로 천명을 구할 때가 아닌가?'라고 외치면서 장정들을 이끌고 군위 의흥을 거쳐 팔공산에 있던 낙재 서사원 의병진에 합세하였다가 의병장 권응수가 지휘하는 영천성, 경주성 수복전투에 참전했다.

정유재란 때에는 도체찰사 유성룡의 군관으로 조선과 명나라가 연합하여 벌인 울산, 서생포 전투에도 참가했다. 이후 전란이 수습되자 일체의 공적을 드러내지 않은 채 동변동에 정착했다.

1599년(선조 32) 무과에 급제 훈련원 첨정(僉正)이 되었다. 그러나 조정이 당파에 휩싸이면서 나라가 어지러움을 보고 관직을 버리고 돌아와 조용히 독서로 소일했다.

1606년(선조 39) 관찰사 유영순 판관 김헌이 선사재에서 강학을 했는데 이때 서사원, 손처눌, 곽재겸 등과 함께 참가했다. 1609년(광해군 1) 한강 정구가 연경서원에 와서 강론할 때도 지역의 여러 선비들과 함께 참가했다.

공은 한 순간도 책을 놓지 않았다고 한다. 매월 초하루 선사재와 연경서원에서 낙재 서사원, 모당 손처눌 등과 강회를 열고 성현이 말한 의리의 정미함을 논하고 성명(性命)의 깊고 오묘함을 연구하였다. 1634년(인조 12) 돌아가시니 향년 71세였다.

후손들에게도 삶의 모범을 보였으니 구연우, 구연간, 구연기, 구달서, 구재서, 구태서, 구종서, 구성서로 이어지는 소위 '구씨 8학사'가 그들이다.

이들은 모두 시문에 능하고 덕행이 높았다. 무태 구문들의 후예는 오늘날에도 경제계, 학계, 문화계에서 눈부신 활약을 보이고 있다.

상전벽해가 된 동변동 마을 한 가운데 늠름하게 서 있는 느티나무 한 그루만 이곳이 400여 년 전 계암 구회신이 터를 잡은 곳이라고 말해주고 있을 뿐이다.

예조판서 전백영全伯英 선생과 팔현마을 향나무

망우당공원 내의 고모령노래비가 있는 곳에서 팔현마을-고모역-가천을 이어 성동마을의 고산서원까지 이어지는 길 주변의 문물과 역사자원에 대한 조사에 참여해 본 바가 있다.

그 때 만난 팔현마을의 박병도(朴炳道, 74세)님에 의하면 마을 이름 팔현은 '고개 옆에 정씨 성을 가진 역적 무덤 양쪽의 향나무가 팔(八)자 모양으로 생겨서 팔현(八峴)이라 부르게 되었다'고 했다.

더 자세히 알고 싶으면 유래가 적힌 마을 앞 비석을 보라고도 했다. 1993년도 세운 '범죄 없는 마을' 비였다. 내용은 크게 차이가 없었으나, 무덤의 주인공은 역적이 아니고 '조선 초 판서 정숙영'이라는 분이었다. 이름을 아무리 검색해 보아도 정숙영은 어디에도 나오지 않았다. 판서라는 높은 벼슬을 지낸 분인데도 인명록에 없다는 것은 뭔가 잘못이 있다는 생각이 들었다.

그러나 고모동 쪽의 이야기를 더 발굴하기 위하여 확인 작업은 일단 접어두었다.

팔현마을 향나무

〈조선 태종조 예조판서 문평공 전백영에 관한 고찰〉(저자 구본욱) 저자에게 전화를 걸었다. 문평공은 고모 출신이니 비록 장구한 세월이 흘렀지만 흔적이 남아 있을 수 있기 때문이었다. 기꺼이 동의하여 후손 한 분을 모시고 왔다.

《우리고장 대구(지명 유래)》(1988, 대구직할시교육위원회)에 '고모동 편에 의하면 전백영은 이곳에서 태어나 파동으로 이사 가기 전인 1369년(공민왕 18) 살던 집에 심은 향나무가 있었는데 일본인이 캐 가고 지금 키가 작은 몇 그루가 남아 있다.'는 기록이 있어 직접 현장을 확인하기 위해서였다. 그러나 동행한 후손은 그에 대해 아무 것도 아는 게 없다고 했다.

구본욱 선생과 함께 팔현 마을로 향했다. 일대를 뒤진 끝에 잡

유허비(가창 상원리)

목 속에 섞여 있는 몇 그루의 향나무를 발견했다. 팔자(八字) 모양은 아니었으나 문평공이 심은 나무에서 맹아가 자라난 것이 분명해 보였다.

팔현이 옛 고모 땅이었던 것을 감안하고, 유래비의 판서 정숙영을 '판서 전백영'의 오기로 볼 때 이곳은 문평공 전백영의 '생가터'가 틀림없다. 구본욱 박사 역시 동감이었다.

공은 1345년(고려 충목왕 1) 수성구 고모에서 태어나 파잠(巴岑, 파동)으로 이거하면서 아호마저도 파동과 신천에서 따와 파계(巴溪)라고 했다.

대구에서는 드물게 포은 정몽주 선생으로부터 글을 배워 1371

년(공민왕 20) 문과에 급제했다. 초임부터 관료들의 비리와 왕의 실정에 대해서 바른말을 하는 간관(諫官)이었다.

권신 이인임을 탄핵했다가 그들의 세력에 밀려 10여 년간 하동에서 유배생활을 했다. 그러나 간언의 정당함이 알려지면서 수원부사 좌·우사의로 다시 복귀했으나 이도 잠시 충청도 결성으로 귀양길에 올랐다.

조선의 개국으로 공의 관직은 대체로 순풍을 만난다. 그러나 초기에는 역시 언관이었다.

그 후 병조전서, 풍해도(황해도) 도관찰출척사(都觀察黜陟使) 등을 역임했다.

1399년(정종 1) 공의 나이 55세 어머니 상을 당하여 시묘를 하던 중 왕명으로 조정에 복귀, 대사헌(종2품)을 맡았다.

이듬해 동지경연사(同知經筵事)로 임금이 불교를 배척하는 이유를 묻자 '공자의 도는 인의(仁義)를 중시하기 때문이다.'고 하였다. 이어 '임금의 배워야 할 학문으로는 〈대학〉만 한 것이 없다'고 했다.

1400년(정종 2) 마침내 고향땅을 다스리는 경상도 도관찰출척사가 되었다.

1404년(태종 4) 첨서승추부사(簽書承樞府使)로 명나라에 가서 새해를 축하하고 세자의 책봉을 청하였다. 그해 7월 예조판서(정2품)에 올랐다. 1406년(태종 6) 다시 경기도 관찰사로 나갔다.

1412년(태종 12) 건강이 좋지 못하여 공직을 그만두고 낙향하고

자 하였더니 태종이 허락하면서 '전재신(全宰臣)이 중외로 근무하여 공로가 있는데 지금 돌아간다고 하니 참으로 안타깝다. 말 먹이와 간식을 주어 보내라' 하였다.

내직에 있을 때에는 왕을 잘 보좌하여 조선왕조의 기틀을 다지는데 기여하고 외직에 나가서는 청렴한 목민관으로 선정을 펼쳐 백성들의 어려움을 보살펴는 데 최선을 다했던 공은 그 해 68세로 졸했다.

소식을 들은 왕은 3일 동안 조회를 금지하고 경상도 관찰사로 하여금 장례를 지원하도록 하고 문평(文平)이라는 시호를 내렸다.

그 후 대구부가 읍지를 만들면서 조선시대 대구인물 조에 맨 처음 공을 등재했다. 이번 발품을 통해 우리는 오랜 세월 묻혀있던 문평공의 생가 터와 그가 수식(手植)한 향나무를 확인하는 기쁨을 누렸다. 이런 작은 노력에 의해 대구의 향토사가 조금씩 완성되어 가는 것이 아닌가 하니 앞으로 할 일이 더욱 많아질 것 같다는 생각이 들었다.

퇴계 이황 선생과 고산서원 느티나무

대구, 경북은 물론 전국을 돌아다니며 이름이 크게 알려지지 않은 선비로부터 왕에 이르기까지 다양한 사람들이 심은 나무를 만나 보았다. 그러나 조선 최고의 성리학자로 존경 받는 퇴계 이황(李滉 1501~1570) 선생의 수식목을 발견하지 못해 늘 아쉬움으로 남아 있었다.

특히, 선생은 매화를 사랑해 매화를 소제로 한 시 107수를 쓰셨는데 따로 91수를 모아 매화시첩을 남겼고, 죽음에 이르러서도 분매(盆梅)에 물을 주라고 할 만큼 나무를 사랑했던 분이다. 너무나 잘 알려진 단양의 관기 두향과 얽힌 애틋한 매화이야기가 많은 사람의 입에서 입으로 오늘날까지 전해오는 것에서 더욱 그랬다.

그런데 뜻밖에 대구에서 선생의 수식목을 발견하는 행운을 가졌다. 내무부가 펴낸 〈보호수지, 1972〉에 수성구 성동 고산서당에 선생이 심은 느티나무가 있다고 등재되어 있었기 때문이다.

서원 뒤쪽에 현감 이헌소(李憲昭)가 건립한 선생과 우복 정경세

퇴계 이황 선생이 심은 느티나무

의 강학비를 보고 2003년 주변의 큰 느티나무를 골라 한 그루는 '이황나무'로 또 다른 그루는 '정경세나무'로 명명한 바 있었다.

이름난 학자나 유명 인사를 초청해 강의를 듣는다는 것은 지금도 쉬운 일이 아닌데 16세기 교통이 불편했을 뿐 아니라, 조정에 출사하거나 저술활동과 강학으로 바쁜 나날을 보내고 있는 선생을 모신다는 것은 더욱 어려웠을 것이다.

또한 대구는 예안으로부터 멀리 떨어져 있어 안동이나 예천, 봉화, 영주 등과 달리 직계 제자도 계동 전경창 이외 이렇다할 사

퇴계와 우복 정경세 선생의 강학비

람이 없었다. 형편이 이러한데도 선생이 심은 나무가 대구에 있다는 것은 얼마나 자랑스러운가.

(선생이 남쪽지방을 여행한 사실은 여러 번 있으나 대구에 들렀다는 기록은 없다고 하는 학자도 있다. 특히 대구 최초의 서원인 연경서원의 편액이나 발문(跋文)도 매암 이숙량이 예안에서 받아온 것이라고 한다.)

선생은 본관이 진성(眞城)으로 호는 퇴계(退溪)·퇴도(退陶)·도수(陶搜) 등이다. 좌찬성 식(埴)의 7남 1녀 중 막내아들로 태어났다. 태어난 지 7개월 만에 아버지를 여의고 편모슬하에서 자랐다. 12세 때 작은아버지 우(堣)로부터 〈논어〉를 배웠고, 20세경에는 건강을 해칠 정도로 〈주역〉 등의 독서와 성리학에 몰두했다.

1527년(중종 22) 진사시에 합격하고, 성균관에 들어가 이듬해 사마시에 급제했다. 김인후(金麟厚) 등과 교유했으며, 이때 〈심경부주〉를 입수하여 크게 심취했다고 한다.

1534년(중종 29) 문과에 급제하여 승문원 부정자로 등용된 이후 박사·전적·지평 등을 거쳐 세자시강원·충청도어사 등을 역임하고 1543년(중종 38) 성균관 사성이 되었다.

1546년(명종 1) 낙향하여 낙동강 상류 토계(兎溪)에 양진암을 지었다. 이때 토계를 퇴계(退溪)라 하고 자신의 아호로 삼았다. 1548년(명종 3) 단양군수가 되었다가 형이 충청감사로 오게 되어 풍기군수로 옮겼다. 재임 중 주세붕이 창설한 백운동서원에 편액·서적·학전(學田)을 내려줄 것을 청하여 이것이 사액서원의 시초가 된 소수서원이다. 병을 얻어 고향으로 돌아와 퇴계의 서쪽에 한서암을 짓고 휴식과 독서를 즐겼다.

1552년(명종 7) 성균관 대사성으로 임명되었으며 이후로도 여러 차례 벼슬을 제수받았으나 대부분 사퇴했다. 도산서당을 짓고 아호를 도옹(陶翁)이라 정하고, 이로부터 7년간 독서·수양·저술에 전념하는 한편, 많은 제자를 길렀다. 1568년(선조 1) 대제학·지경연의 중임을 맡고, 선조에게 〈중용〉과 〈대학〉에 기초한 〈무진육조소〉를 올렸다.

그 뒤 선조에게 정자의 〈사잠四箴〉, 〈논어집주〉, 〈주역〉, 〈서명〉 등을 진강했으며 선생의 학문의 결정체인 〈성학십도〉를 바쳤다. 이듬해 낙향했다가 1570년(선조 2) 병이 깊어져 70세로 돌아가셨다.

이기호발설(理氣互發說) 등 주리론적 사상을 형성하여 주자성리학을 심화·발전시켰으며 조선 후기 영남학파의 이론적 토대를 마련했다.

고산서당은 1560년(명종 15)에 지역의 유림들과 경산현령 윤희렴(尹希廉)이 짓고 선생에게 강학을 청하자 이에 응해 주시고 편액을 '고산(孤山)'으로, 문액은 '구도(求道)'라고 써 준 곳이다.

임란으로 소실된 것을 1697년(숙종 23) 중수하여 고산서원으로 개칭하여 선생과 우복 두 분을 배향하였고, 1734년(영조10)에 강당 및 동·서재를 완공하였으나 대원군의 서원 철폐 시 훼철되었다.

1879년(고종16)에 이르러 지역의 선비들을 중심으로 강학계(講學契)를 조직하여 강당을 중건하고 '고산서원'이라 하여 현재에 이르고 있다. 선생의 수식목을 만나 볼 수 있는 대구에서는 유일한 곳이다.

계동 전경창 선생과
파동 무동재 팽나무

문화관광해설사 등 이름에는 약간 차이가 있으나 각 자치단체에는 많은 향토사학자들이 활동하고 있다. 우리 역사교육이 중앙 정치사 중심으로 흘러 왔기 때문에 지역사가 빠져있고, 이를 전공하는 학자도 별로 없는 실정에서 매우 고무적인 현상이라고 할 수 있다.

그러나 대다수가 비전공자이다 보니 오류를 범할 수 있고, 애향심이 앞선 나머지 사실을 왜곡하는 사례도 많다.

이런 점은 필자도 예외가 아니었다. 퇴계학의 대구 전래(傳來) 과정이다. 대구에는 직계 제자가 없는 것으로 알고 있었다.

그러나 〈계동 전경창 선생의 연보작성을 위한 시론 - 구본욱〉을 보고 지금까지의 생각이 틀렸다는 것을 알았다.

저자에 의하면 당시 대구 사람으로 '도산급문제현록'에 등재된 사람은 계동(溪東) 전경창(全慶昌 1532~1585)과 추월헌(秋月軒) 채응룡(蔡應龍 1530~1574) 두 분이었다.

파동 무동재 앞의 팽나무

그러나 추월헌은 본디 대구사람이기는 하되 아버지 채증이 을사사화로 벼슬에서 물러나 안동 임하에 정착, 그곳에서 출생해 도산에서 수학하고 아버지가 돌아가신 후 다시 대구로 옮겨 살았다고 하니 실제 대구 출신은 계동뿐이라고 할 수 있다.

계동은 본관이 옥산으로 1555년(명종 10) 진사시에 합격해 성균관에 들어가 공부했다. 1564년(명종 19) 매암 이숙량 등과 연경서원 창건을 주도하고, 1566(명종 21) 35세 때에 모당(慕堂) 손처눌과 태암(苔巖) 이주가 공에게 배움을 청했다.

무동재

이때 아호를 계동 즉 신천의 동쪽에 기거한다는 의미로 사용했다. 또한 낙재 서사원과 괴헌 곽재겸이 찾아옴으로 각기 《심경》과 《근사록》을 주었다.

1571년(선조 4) 연정 서형, 남간 서식 형제와 송담 채응린이 청하여 청하의 내연산을 유람하여 《유산록(遊山錄)》을 남겼으나 임란 때 유실되었다고 한다.

1572년(선조 5) 형 응창이 문과에 합격하고, 이듬해인 1573년(선조 6) 공 역시 문과에 급제했다. 1575년(선조 8) 벼슬길에 나아가 경주, 진주교수를 시작으로 성균관 학록, 정자, 예문관 검열 겸

춘추관 기사관, 대교, 봉교를 거처 1581년 병조좌랑(정 6품)에 올랐다.

이때 그때까지 일반사신이 겸하던 종계변무(宗系辨誣)를 전담사신이 담당해야 한다고 상소를 올려 선조가 받아들여 성사시켰다.

종계변무란 태조 이성계의 아버지가 이인임이라고 명나라에 잘못 알려져 조선왕실의 정통성이 훼손된 사건이다. 이를 바로잡기 위해 개국 후 200여 년 간 수차례 사신을 보내 시정을 요구했으나 이루지 못했던 일이었다.

이후 공은 영변 통판을 역임하고 예조좌랑, 사간원 정언을 거쳐 사헌부 지평, 호조정랑 등에 임명되었으나 병으로 나아가지 아니하다가 1585년(선조 18) 54세에 한양에서 돌아가셨다.

1590년(선조 23) 종계변무가 시정되자 원종공신으로 녹훈되고 홍문관 응교(정4품)로 증직되었으며 1635(인조 13) 연경서원 방묘(榜廟)에 봉안되었다.

조선 후기 대구의 거유였던 임제(臨霽) 서찬규(徐贊奎)는 공을 일러 '대구지역의 유학은 계동선생으로부터 시작되어 발전했다.' 라고 했다.

그러나 손처눌 등 공의 많은 제자들이 북구 사수에 정착한 한강(寒岡) 정구(鄭逑, 1543~1620)선생의 문하에 흡수되었다. 저서로 《계동집》이 있다.

계동은 정구선생에 의해 소위 대구에 한강학단(寒岡學團)이 이루어지기 전까지 대구 유학에 디딤돌을 놓았다.

파동과 가창 경계 지점에 용계교가 있다. 다리 못미쳐 왼쪽 산으로 난 길을 따라 올라가면 골이 깊고 경관이 아주 수려하다. 소위 서원골이라고도 부르는데 그 곳에 공을 기리는 무동재(武洞齋)가 있다.

그 곳 아름드리 팽나무 한 그루만이 공이 퇴계학을 대구에 전래한 사람이라는 것을 알고 있을 뿐 많은 사람들에게 잊혀가고 있다. 더 올라가면 대봉 양희지 선생을 기리는 오천서원이 있다.

미즈사키 린따로와 수성못 왕버들

수성못이 새롭게 변했다. 신천의 물을 더 많이 유입시켜 항상 맑은 물이 유지되도록 하고, 나무다리를 만들어 가까운 곳에서 물을 볼 수 있도록 했으며, 독특한 수변무대를 설치하고, 노랑꽃창포를 비롯해 다양한 식물을 많이 심어 경관을 향상시켰다.

그러나 수질 정화에 도움이 되고, 새들의 서식처가 될 수 있는 창포 등 수생식물 식재가 미흡한 점은 아쉽다.

주변에는 맛있는 음식점이 즐비하고, 한때 요인들의 단골 숙소였던 수성관광호텔도 새로 꾸미고, 야간조명이 뛰어난 최첨단 음악분수와 함께 볼거리도 다양해져 옛 명성을 회복하리라고 믿는다.

또 하나 기억해야할만한 것은 못의 북동쪽에 위치한 지산하수처리장의 넓은 녹지공간이다.

이 녹지는 주요 하수처리기능을 지하에 묻고 그 위에 녹지를 조성한 곳으로 대구시 환경시설의 관리수준을 한 단계 업그레이드

시킨 전국적인 모범 사례로 꼽히는 곳이다.

이처럼 새로운 모습으로 거듭나는 수성못을 보고 기뻐할 외국인이 있으니 일본 기고현(岐皐縣) 출신의 미즈사키 린따로(水岐林太郞)이다.

그는 일본에서 촌장(우리나라 읍, 면장)을 지내다가 1915년 개척농민의 일원으로 조선에 와서 대구에 정착했다.

수성들에 자리잡고 농사를 지었다. 그러나 열심히 일하면 일한만큼 소출이 나야하는데 그렇지 못할 때가 많았다. 가뭄으로 실농하는가 하면 홍수로 열심히 기른 농작물이 물에 잠길 때가 있었기 때문이다. 이런 어려움은 그곳에서 농사를 짓고 있는 우리나라 사람이라고 다를 바 없었다.

저수지가 필요했다. 그러나 못을 만드는 일은 많은 돈이 드는 일이다. 그는 조선총독부를 찾아가 담판 끝에 거금을 지원받아 10년의 공사 끝에 수성못을 완성했다.

수확의 기쁨은 자신도 즐거웠지만 우리 농민들도 마찬가지였다. 1939년 그는 죽음을 앞두고 '수성못이 바라보이는 곳에 묻히고 싶으며 한국식으로 무덤을 만들 것'을 유언으로 남기고 타계했다.

살아있을 때에는 못을 축조하고 죽어서는 못 지킴이가 되고 싶어했던 것 같다. 비록 일본사람이지만 지역의 농업발전과 우리 농민을 위해 좋은 일을 한 사람으로 기억할만한 분이다.

수성못의 왕버들

한국식으로 조성한 미즈사키 린따로 묘소

세월이 지나 수성못의 기능도 당초와 달리 유원지로 변했다. 그러나 그 때는 풍년의 기쁨으로 즐거웠고, 지금은 시민의 휴식공간으로 거듭나는 것에 대해 만족하리라 믿는다.

한때 누군가 동쪽의 큰 왕버들을 '미즈사키 린따로 나무'라는 팻말을 붙였는데 지금은 사라지고 없다.

이 나무는 수성못의 축조과정으로부터 최근 새로 꾸미기까지의 모든 과정을 지켜본 유일한 증인이다. 다시 팻말이 붙여지기를 기대한다. 수성못 하면 잊을 수 없는 또 한 분이 박정희 전 대통령이다.

70년 대 초반 지산, 범물은 거의 논밭이었다. 당시는 식량증산을 위해 정부가 전 행정력을 집중할 때였다. 따라서 농사에도 군사작전개념을 도입해 소위 '영농시한작전'을 펼쳐 모내기는 늦어도 6월 25일까지 끝내도록 했다. 그러나 오랜 관습이 단 시일 내에 바뀔 수 없었다.

공교롭게도 이즘 대통령이 대구에 오고 혹 수성관광호텔에 주무시다가 아침 일찍 옥상에 올라가 비어있는 논을 보기라도 하면 지적받을 것이 두려워 시장을 비롯한 간부 공무원들이 쩔쩔 맬 때였다.

그 때 농산담당 공무원들은 수성못에 양수기를 설치하고 물을 펐다. 혹 기계가 고장나거나 호스가 찢어질 것에 대비해 밤새 곁에서 지킬 때가 있었다.

그러나 이렇게 어렵게 물을 퍼서 논을 장만해 놓아도 농민이 나타나지 않아 모내기를 제때 할 수 없었다.

다급해진 시장은 각 구청의 환경미화원들을 동원해 대통령이 도착하기 전까지 모내기를 완료했었다.

쌀이 남아돌고 주변이 상전벽해로 변한 지금 생각하면 꿈같은 이야기다.

문장이 뛰어난 명신 양희지 선생과 오천서원 은행나무

대구의 외곽지였던 칠곡, 안심, 월배 등이 70~80년대 거대한 아파트 숲으로 변해 지금은 옛 모습을 찾아보기 어렵다.

지산지구도 예외가 아니었다. 범어천을 가운데 두고 양쪽에 넓은 들이 형성되어 농사짓기가 수월했던 지산과 두산동은 중화 양씨(中和楊氏)의 집성촌이었다.

중화는 평안남도에 있는 고을이다. 고려 23대 고종(1213~1259) 때 정승을 지내고 당악(중화의 옛 지명) 군(君)에 봉해진 포(浦)를 시조로 세계를 이어오고 있다. 그들이 지산, 두산, 파동에 터를 잡은 것은 대봉 양희지(楊稀枝 1439~1504) 선생으로부터 비롯된다.

공은 1439년(세종 21) 순창군수를 지낸 아버지 맹순(孟純)과 어머니 나주 정씨 사이에 3남으로 태어났다. 4~5세 때에 모친과 함께 울산으로 가서 당시 이 지역의 세력가였던 이예(李藝 1373~1445)의 후원으로 학업에 정진한 것 같다. 이예가 손녀의 배우자로 공을

오천서원 앞 은행나무

맞아들인 데서 알 수 있다.

1474년(성종 5)에 문과에 합격했다. 이 때 성종의 부름으로 알현했는데 '버드나무는 가지가 적은 것이 귀하다' 하여 이름 희지(熙止)를 희지(稀枝)로 하사받았다.

검열, 이듬해 승문원 정자가 되었고 1475년(성종 6)부터 3년간 사가독서를 하였다. 그 후 부수찬, 교리, 문학 등을 역임했다.

1478년(성종 9) 홍문관 부수찬으로 있을 때 노모를 봉양하기 위해 사직을 청하자 왕이 승정원에 묻기를 '양희지는 문무의 재질이 있으니 내가 만류하고자 하는데 어떠한가?' 하였는데 승지 등

대봉 양희지 선생을 기리는 오천서원

이 아뢰기를 '양희지의 재주는 문무를 겸하였으며 쓸 만한 사람입니다. 형이 하나 있어 시양(侍養, 곁에서 받들어 모시고 섬김)하고 또 형의 아들도 있고, 그 어머니도 질병이 없으니 만류하면 매우 다행이겠습니다.' 하여 결국 승낙받지 못했다.

그러나 곧이어 대사헌 윤효손(尹孝孫)이 다시 건의하여 윤허를 받아 외직인 사천현감으로 제수되어 80노모를 봉양할 수 있었고, 1483년(성종 14)에는 현풍 현감이 되었다.

1494년 연산군 즉위 후 홍문관 전한을 거쳐 상의원(임금의 의복이나 대궐 안의 재물과 보물 따위를 관리하는 관청) 책임자로 있으면서 《성종

실록》 편찬에 참여하고 1497년(연산군 3) 직제학이 되었다. 왕이 경상도로 보내 삼포에 출몰하여 양민의 재물을 약탈하는 왜인들을 잡아 죄를 다스리고 회유하여 평온을 되찾게 했다.

이듬 해 무오사화 때에는 좌부승지로 있다가 충청도관찰사로 나간 뒤 바로 사직했다. 1500년(연산군 6) 오위도총부 부총관을 거쳐 대사헌이 되었다. 인사에 불이익을 받은 박림종을 변호하다가 익산에 유배되었다. 장령 이의손 등이 공에게 죄를 묻는 것은 언로를 막는 길이라 하여 시정을 요구했으나 받아들여지지 않았다.

1502년(연산군 8) 죄가 풀려 동지중추부사 겸 세자우부빈격이 되었으며 이듬해 동지성균관사를 거쳐 한성부 우윤(右尹, 종2품) 재임 중 졸하니 향년 66세였다.

박안성이 왕에게 아뢰니 세자가 2일 동안 강을 금하도록 했다. 중종이 이현보에게 제문을 지참시켜 보냈다.

저서로 《대봉집》이 있고 대구의 파동 오천서원(梧川書院)에 배향되었다.

특히, 조광조가 유배 중인 한훤당 김굉필 선생을 찾아가 학문을 배우려 할 때 소개 편지를 써 주어 조선성리학의 맥을 잇게 하고, 그가 도학정치를 실현하고자 노력한 인물로 자리잡게 했다.

공이 사직을 청한 1478년(성종 9) 6월 5일자 조선왕조실록을 보면 노모가 형과 그 아들과 함께 대구부에 살고 있다고 했고, 서영곤이 쓴 무릉서당기(武陵書堂記)에서는 더 구체적으로 우거한 곳을 미리(美理) 즉 오늘날 동촌 일대라고 했다.

따라서 공의 나이 40세 전후 모친과 형은 울산에서 대구 동촌으로 이거해 살았던 것으로 보인다.

그 후 둘째 아들 배선(拜善)이 대구의 재지사족으로 파동에 세거하던 옥산인 전중견(全仲堅)의 딸과 혼인하여 처의 고향에 살게 되면서 파동, 두산, 지산동 일대에 세거한 것으로 보인다.

《대구읍지》에 의하면 공은 조선조 청백리이자 문장이 뛰어난 명신이었다. 시대를 초월해 사표로 삼아야할 분이나 그를 기리는 오천서원은 조용하기만 하다. 다만, 서원 앞 제철을 만난 은행나무만 노랗게 물들고 있었다.

17세기 대구 사림의 영수 모당 손처눌 선생과 청호서원 향나무

수성구 황금동의 원래 이름은 황청동(黃青洞)이었다. 그러나 사람이 죽으면 그 혼이 가서 산다는 황천(黃泉)과 발음이 비슷하다하여 1977년 지금의 이름으로 개명했다.

우방타운에서 동쪽의 청호로를 건너 신천지타운 부근은 아직도 옛 모습이 많이 남아있다.

그곳의 근접한 거리에 서원이 두 개나 있다. 하나는 단종 때의 문신 남은 서섭(徐涉)과 공의 둘째 아들 서감원(徐坎元)을 기리기 위해 1926년에 건립된 덕산서원이고, 다른 하나는 선조 때의 유학자로 임란 때 창의한 모당 손처눌과 그 외에 사월당 유시번, 격재 손조서, 양제 정호인을 기리기 위해 1694년(숙종 20)에 건립한 청호서원이다. 오늘 소개하는 분은 모당 손처눌 선생이다.

모당은 아버지 선무랑(宣務郎) 수(遂)와 어머니 한산 이씨 사이에서 1553년(명종 8)에 태어났다. 본관이 안동 일직(一直)인 선생이 대구에서 태어난 것은 1500년 전후 증조부 세경(世經)이 대구의 명문 사족인 달성 서씨와 결혼하여 처가가 있는 이곳에 옮겨 산데 따른다. 선생은 14세 때 아버지 명으로 계동 전경창의 제자가 되었다.

17세에 부인 광주 이씨를 맞았으니 송암 이원경의 딸이다. 1571년(선조 4) 한강 정구를 처음 만났다.

이후 정사철, 곽재겸, 정광천, 김우용, 장현광, 서사원, 이주 등 원근의 선비들과 팔공산, 최정산 등을 다니며 호연지기를 키우고 학문을 연마했다.

임란이 발발하자 낙재 서사원, 태암 이주 등과 창의 수성소모장으로 활동했다. 팔조령에 의병 400여 명을 매복시켜 많은 전과를 올려 대구부 남쪽을 지켰다. 9월 낙재가 상을 당해 선생이 의병장에 추대되었다. 그러나 1593년(선조 26) 선생 역시 아버지가, 다음해에 어머니가 돌아가시니 진중에 있을 수 없었다.

정유재란 시에는 달성으로 숨어든 왜적을 크게 무찔렀다. 이에 방백 한준겸이 선생의 공적을 조정에 보고하려고 하였으나 한사코 사양했다.

1599년(선조 32) 전란으로 파괴된 향교를 달성으로 옮겨짓는 일에 앞장섰으며 인근 농민들이 가뭄으로 농사짓기가 어려운 것을 보고 황청지를 축조했다.

임란이 끝나고 전란 중 예(禮)를 다하지 못한 것을 후회하면서 묘소 아래 집을 짓고 영모당(永慕堂)이라고 했다. 아호 모당(慕堂)은

청호서원 전경

여기서 비롯된다.

시국이 안정되면서 배우러 오는 사람들이 많아지자 영모당 옆에 산택재와 풍뢰헌을 새로 지었다. 이듬해 충주 목사로 있던 한강이 휴가차 내려오자 찾아가서 인사를 드렸다. 여러 선비들과 임란으로 폐허가 된 연경서원 재건을 의논했다.

1604년(선조 37) 승병대장 사명당이 강화사로 일본으로 가는 길에 들르자 장도를 기원하는 전별시를 지어주었다. 이듬해 선사재에서 한강 선생을 모시고 뱃놀이를 했는데 모인 사람이 70명이나 되었다.

청호서원 안의 향나무

1609년(광해군 1) 태실 상사(上使) 오봉 이호민, 부상사 선원 김상용과 연경서원에서 강회를 열었다. 1611년(광해군 3) 망우당 곽재우가 찾아오고 월곡 우배선이 그의 아들 달하를 데리고 와서 가르침을 청했다.

1624년(인조 2) 이괄이 난을 일으키자 고을 사람들이 선생을 의병장으로 추대했다. 그러나 이괄이 항복함으로 출전하지 못했다.

1627년(인조 5) 정묘호란이 일어나자 역시 고을 사람들이 다시 의병을 일으키고 선생을 의병장으로 추대했다.

이때 선생은 75세로 나이가 많다고 사양했으나 호소사(號召使) 우복 정경세가 극구 추천해 맡을 수밖에 없었다. 그러나 강화조약이 체결되어 이 역시 실행하지 못했다. 선생은 탄식하며 '비록 평안은 얻었다 하나 맹약이 부끄럽다' 하였다.

1634년(인조 12) 돌아가시니 향년 82세였다. 저서로 《모당선생문집》이 있고 대구의 청호서원과 밀양의 혜산서원에 제향되었다.

선생은 대구에 퇴계학을 전수한 1세대 계동 전경창과 한강 정구 밑에서 수업하고 두 분이 돌아가시자 낙재 서사원과 함께 대구 사림을 이끌었다.

그러나 낙재마저 먼저 죽자 혼자 많은 후학들을 지도했다. 〈영모당통강제자록〉에 의하면 모두 202명이나 된다.

또한 임란, 이괄의 난, 정묘호란 등 3번에 걸쳐 의병장으로 추대되었다. 매화를 좋아해 몇 편의 시를 남겼으나 서원에 매화는 없고 향나무만 겨울 추위에도 푸름을 잃지 않고 있었다.

4
달서 · 달성군 · 기타지역

임란 공신 우배선 선생과 월곡역사공원의 장지산 송림

대구에는 국채보상운동기념공원 등 많은 공원이 있다. 그러나 그 중에서 특별한 공원을 말하라고 한다면 달서구 상인동의 '월곡역사공원'이라고 할 수 있다. 면적이 넓어서도, 편의시설이 잘 설치되어서도 아니다. 망우당공원처럼 공원이름에 특정인의 아호를 붙여서도 아니다. 거의 모든 토지 소유자들이 땅값의 평가가 낮고 이용에 제한이 따른 녹지를 해제해 달라고 요구하는데 비해 이 공원은 문중이 먼저 공원으로 지정해 줄 것을 시에 요구해 조성한 공원이기 때문이다.

또한 주인에게 충성을 다한 의로운 말〔馬〕에 관한 이야기도 빼놓을 수 없는 곳이기도 하다. 공원 한 모서리에 1986년 세운 의마비(비문 우억기, 글씨 우종묵)가 있는데 그 요지는 다음과 같다.

약 400여 년 전 당시 조암평야(현 월성동 일대)에 야생마가 서식하고 있었다. 그 중 1필은 성질이 몹시 사나워 아무도 접근치 못했

단양 우씨 월촌 종중의 상징 장지산 송림

다. 그러나 월곡(月谷) 우배선(禹拜善 1569~1621) 선생이 달랬더니 순순히 따라 애마로 삼아 조련하였다.

훗날 임란 때 공이 백의로 창의, 대구근교 등 각지에서 혁혁한 전공을 세울 때 적의 총탄이 쏟아져도 애마의 기민한 동작으로 위기를 면한 적이 한두 번이 아니었다.

난이 평정된 후 공이 선무1등공신에 서훈되고 훗날 여러 벼슬을 지내다가 서거하니 말이 먹이를 마다하고 슬피 울다 3일 만에 순사하였다. 주민들이 주인을 위한 충의지절을 가상히 여겨 의마(義馬)라 이름 짓고 장지산록에 매장하고 그 무덤을 의마총(義馬塚)

우배선 장군 상

이라 하였다.

그 후 수백 년이 흘러 일제말기 저수지 확장공사로 의마총이 수몰되었다. 이 의로운 말을 두고 '인간사회에도 윤리를 모르고 충의를 저버린 예가 허다한데 이성이 없는 짐승인 야생마가 영걸을 알아보고 복종하며 충성으로 국난극복에 공헌하고 그것도 모자라 주인이 죽자 3일 만에 따라 죽으니 그 충의와 절개를 어찌 한 마리 말이라고 하여 소홀하리오.' 하였다.

따라서 그 정신을 만세에 전하고 영혼을 위로하기 위하여 글로

새겨 빗돌을 세운다는 것이다.

공은 본관이 단양(丹陽)으로 아버지 우성덕과 어머니 아산 장씨 사이에서 1569년(선조 2) 이곳 월촌 마을에서 태어났다.

생후 두 살 때 부모를 잃고 조모 손에서 자랐으며 5세 때 청도 외가로 가서 자라다가 17세에 돌아와 집안 살림을 도맡아했다. 임진왜란이 일어나자 그 해 5월 23일 가재를 털어 24세라는 젊은 나이에 의병을 모집, 화원, 비슬산 등에서 주로 유격전으로 왜군과 싸워 연전연승하였다.

이에 초토사 김성일의 천거로 예빈시 참봉에 기용되었으나 부임하지 아니하고 계속해서 전장을 누볐으며, 군기시 판관과 이어서 합천, 금산, 마지막 낙안군수 등을 거친 후 조정이 혼란하자 관직을 버리고 낙향하여 열락당에서 후학을 지도했다.

그 후 선무원종일등공신에 책록되고, 1621년(광해군 13) 53세로 돌아가셨다. 낙동서원에 제향되고, 유물 중 의병진관련자료, 교지, 간찰 등 34점이 보물(제1334호)로 지정되었다.

상인동 월촌 마을일대는 80년대만 하더라도 한적한 농촌이었다. 명문 단양 우씨들이 고려가 망하고 조선으로 정권이 교체될 때 화를 피해 남쪽으로 내려오다가 정착한 집성촌이다. 월곡역사공원 건립을 주도한 분은 당시 대구향교 전교로 있던 우억기 씨였다.

공원 이름이 시사(示唆)하듯 '월곡역사박물관', '월곡우선생창의유적비', '우배선장군상' 등 우배선 선생을 기리는 유적이 많다.

그 외에도 '한국유림독립운동파리장서비', '민족정기탑', '낙동서원' 등이 있어 단양 우씨들의 문중사와 의병장 우배선의 의병활동을 더듬어 볼 수 있는 공간이다.

특히, 의로운 말의 이야기도 들을 수 있으니 아이들과 함께 가면 많은 것을 배울 수 있다. 종중 완의(完議, 규약)에는 '선조의 유적을 보호하는데 나무하나 토석 하나라도 훼손하는 일이 없도록 해야 한다'고 했다.

박물관 앞 장지산의 울창한 송림은 600여 년을 이곳에 살아온 단양 우씨 월촌 종중 절의의 상징이다.

임란 의병대장 낙재 서사원 선생과 파산의 소나무

영남지방의 성리학이 16세기 좌도의 도산 퇴계와 우도의 덕산 남명에 의해 꽃 피웠다면 대구의 성리학은 그보다 늦은 17세기 대구부의 서쪽 즉 부서(府西)의 낙재 서사원(徐思遠 1550~1615)과 부동(府東)의 즉 동쪽의 모당 손처눌(孫處訥 1553~1634)에 의해 전성기를 맞았다고 할 수 있다.

두 분이 한강 정구의 애제자라는 점, 임란 시 대구지역 의병장을 차례로 역임한 점, 많은 제자를 길러낸 점, 사후에 각기 청호서원과 이강서원에 제향된 점도 비슷하다.

다만, 모당은 평생 벼슬길에 나아가지 않은데 비해 낙재는 짧은 기간이지만 벼슬길에 나아갔다는 점이 다르다.

물론 이들을 전후하여 임하 정사철이나 계동 전경창, 송담 채응린, 태암 이주, 괴헌 곽재겸 같은 훌륭한 선비들이 없었던 것은 아니지만 일찍 돌아가셨거나 두 분처럼 체계적으로 제자를 길러내지 못했었다.

낙재 서사원 선생이 소요하던 파산의 소나무

낙재는 본관이 달성으로 경산 전교(典敎) 아버지 서흡(徐洽)과 어머니 인천 이씨 사이에서 1550년(명종 5)에 팔거(현 북구 읍내동 일원)에서 태어나 일곱 살 되던 해에 큰아버지의 양자가 되었다.

1575년(선조 8) 향시에 나아가 장원을 해 주위를 놀라게 했다. 송담이나 계동에게 글을 배웠지만 1577년(선조 10) 한강 정구로부터 본격적으로 성리학을 공부했다.

1587년(선조 20) 선공감(繕工監, 건축물의 신축, 수리 및 토목에 관한 일을 맡아보던 관아) 감역(監役)에 제수되어 직무에 힘쓰다가 벼슬을 버리고 낙향했다.

최근에 복원한 이강서원 강당 완락당

임진왜란이 일어나고 불과 일주일 만에 대구읍성이 함락되고 대구부사 윤현은 부민(府民) 2,000명을 이끌고 공산성으로 퇴수한다.

이때 팔공산 부인사에서 의미 있는 모임이 있었다(낙재일기 1592년 7월 6일). 이 날 모임은 낙재를 의병대장, 공사원에 이주, 유사에 이경원, 채선행으로 집행부를 구성하고 그 하부 조직으로 면(面), 리(里)별 의병장과 유사를 두었다. 당시 지역별 의병장은 다음과 같았다.

읍내(邑內, 시내 중심가를 말함인 듯), 용덕리장 하자호, 북산리장 김우형, 무태리장 여빈주, 달지리장 서득겸, 초동리장 서사술, 이동리장 배익수 채응홍, 신서촌장 설번 수성(守城), 겸대장현내장(兼大將縣內將, 대장 겸 수성현 책임자라는 것 같음) 손처눌, 동면장 곽대수, 남면장 배기문, 서면장 조경, 북면장 채몽연, 해안(解顔, 오늘날 동촌 일대) 오면도대장(五面都大將, 해안 5개 면의 책임자) 곽재겸, 상향리장 곽재명, 동촌리장 우순필, 서부리장 최의, 북촌장 류요신, 서촌장 민충보 하빈(河濱, 오늘날 다사 하빈 일대) 겸대장서면장(대장 겸 서면책임자) 이종문, 남면장 정광천, 동면장 홍한, 북면장 박충윤이다.

공은 왜란이 발발한 그해 조모 상, 다음해 생부의 상을 당하였으나 의병을 모으고, 국난 극복에 앞장섰다. 그 공로로 1595년(선조 28) 청안현감이 되었다.

청안 역시 전란 중이라 피폐하기 이를 데 없었으나 향교를 수리해 학문을 진흥시키고 사직단과 여묘를 보수해 선정을 베풀었으며 모속관(募粟官, 곡식을 수집하는 벼슬)으로 쌀과 콩 수백 섬을 모아서 오례성(청도 소재)으로 보내 군량을 보충하도록 했다. 훗날 임기를 마치고 돌아올 때 주민들이 비를 세워 칭송했다.

잠시 청주에 우거하다가 1599년(선조 32) 고향으로 돌아와 거처하는 집을 미락재(彌樂齋)라 하고 선사재와 연경서원을 오가며 강론을 했다. 그 후 개령 현감을 비롯해 사헌부 지평 등 여러 차례 나라의 부름이 있었으나 모두 사양했다.

1615년(광해군 7) 돌아가시니 향연 66세였다. 도여유 등 문인록에 등재된 제자만 113명이다. 저서로 《낙재집》이 있고 대구의 구암서원과 청주의 구계서원에 제향되었다.

대구가 문향으로 자리잡은 것은 멀리는 퇴계로부터 한강, 계동에 이어 낙재와 모당 두 분이 뿌린 씨앗으로 비롯되었다고 할 수 있다. 낙동강과 금호강이 합류하는 곳, 파산(巴山)은 한강과 낙재가 수시로 소요하던 곳이다.

또한 한강과 낙재로부터 배운 사람들의 후손 아홉 문중이 유학연구와 인격도야를 위해 1798년(정조 22) 설립한 이락서당(伊洛書堂)이 있으며 낙재의 묘소도 있다. 이곳의 큰 소나무(대구시 보호수)를 낙재를 기리는 비목(碑木)으로 삼고 싶다.

현풍인 곽여량 선생과 유가면 한정리 삼정자나무

달성군 유가면 한정리 마을 입구에는 소위 '삼정자목(三亭子木)'이 있다. 세 그루의 느티나무가 정자(亭子)역할을 하고 있는 것을 두고 하는 말이다.

느티나무는 '늦게 티'를 내며 자라는데서 이름이 비롯되었으며, 스스로 맵시를 내면서 자라기 때문에 늙은 나무일수록 더 아름답다. 어떤 사람은 봄의 신록, 여름의 녹음, 가을의 단풍도 아름답지만 겨울철 무수히 뻗은 가지들의 환상적인 모습이 여인의 나체보다 아름답다고 했다.

나무도 다른 생물계와 마찬가지로 치열한 경쟁을 하면서 자란다. 그러나 어느 정도 안정된 환경이 유지되면 경쟁을 멈추고 한쪽 공간을 서로 양보하면서 자라, 남을 배려할 줄 모르는 인간들보다 더 현명하게 살아간다.

느티나무는 이런 성질을 가장 많이 가지고 있는 나무다. 그 모범적인 사례가 달성군 한정리 삼정자나무라고 할 수 있다.

달성군 유가면 한정리에 있는 삼정자나무

대구에서 가장 큰 저수지인 달창지로 가는 길목이자 정유재란 시 함양의 황석산성을 방어하다가 본인은 물론 두 아들과 며느리까지 순절하여 '일문삼강(一門三綱)'으로 추앙받는 충렬공 곽준(1550~1597)과 임진왜란이 일어나자 전국에서 가장 먼저 창의하여 혁혁한 전공을 세운 충익공 곽재우(1552~1617)의 위패를 모신 예연서원(禮淵書院)으로 가는 길목이기도 하다.

차천(車川)이 바로 옆을 흐른다. 삼정자목은 많은 길손들의 사랑을 받는다. 수관 폭이 워낙 커서 큰 그늘을 만들기 때문에 오고가는 사람들이 쉬어가기 일쑤다.

대구시 보호수이기도 한 이 나무는 400여 년 전 현풍인 곽여량(郭汝樑)이 심었다고 한다. 많은 사람들에게 고마움을 주는 이 나

십이정려각

무에 대해 심은 이가 언제 태어났는지, 생전에 무슨 일을 하신 분인지, 무슨 동기로 나무를 심어 오늘날 많은 사람들에게 사랑을 받고 있는지 궁금했다.

도서관에 가서 현풍 곽씨 족보를 검색했더니 여(汝)자 항렬이 20세(世)라는 것 이외 특별한 단서를 발견할 수 없었다.

다시 대종회 홈페이지에 들어가 물었더니 고맙게도 곧바로 답신이 왔다.

'본손(本孫)이지만 여량(汝樑) 선조가 삼정자목을 심은 것을 몰랐으며 고맙다'는 말까지 덧붙였다.

공의 증조부는 곽월(郭越 1518~1586), 할아버지는 곽재록(郭再錄)이고, 아버지는 곽례(郭澧)로 통덕랑(通德郎)을 지낸 분이었다.

황해도 관찰사를 지낸 증조(曾祖) 곽월은 슬하에 5형제를 두었다. 그 중에 가장 잘 알려진 분이 임란 시 전국에서 최초로 의병을 일으켜 왜와 치열한 전투를 벌여 가는 곳마다 승리로 이끈 셋째 아들 망우당(忘憂堂) 곽재우(郭再祐)다.

곽여량은 1602년(선조 35)에 태어났으며 부인이 성산 이씨이고, 외아들 섬(暹)을 두었으며 1680년(숙종 6) 79세로 생을 마감한 것을 알 수 있었다. 벼슬길에 나아가거나 학문을 깊이 연구한 선비는 아니었던 것 같다.

그러나 그 평범한 중에 비범함이 있었으니 삼정자목을 남겼다.

'가지 줄기를 뻗어서 그늘 지우면 온갖 새 모여들어 노래 부르고 / 사람들도 찾아와 쉬며 놀지요.' 라는 노산 이은상의 시 '나무의 마음'과 같이 삼정자목은 허허벌판에 가지를 넓게 뻗어 그가 부자이든 가난한 농부이든 모두 다 품어주고 있다.

이런 점에서 문집을 남겨 몇 줄의 현란한 글로 사람의 마음을 미혹하게 하는 어느 누구보다 더 기념비적인 작품을 남겼다고 할 수 있다.

현풍 곽씨는 명문이다. 본향 현풍면 대리(大里)는 예(禮)를 따른다는 '솔례(率禮)'로 더 잘 알려져 있는 곳이다. 마을 입구에는 어느 문중에서도 유례를 찾아 볼 수 없는 '십이정려각(十二旌閭閣, 대구시 문화재 자료 제29호)이 우뚝 서있다.

충, 효, 열이 가장 큰 덕목이었던 조선시대 충신1, 효자8, 열녀6 등 모두 15명의 정려를 한 곳에 모아 기리는 사례는 전국적으로도 찾아 볼 수 없다고 한다.

현풍 곽씨들이 자랑해야 할 또 다른 느티나무로 경남 의령군 유곡면 세간리에 수령 520여 년의 현고수(懸鼓樹, 천연기념물 제493호)가 있다. 1592년 임란이 일어나자 망우당이 북을 매달고 두드려 의병을 모았다는 나무다.

조선조 이왕가는 오얏꽃으로, 이탈리아의 메디치가(家)는 월계수를 가문의 문장(紋章)으로 사용했다.

우리나라에서는 좀 생소한 나무문화가 될지 모르지만 이런 역사성이 있는 나무를 문중의 상징목(象徵木)으로 하여 재실이나 사당 주변에 많이 심어 다른 문중과 차별화하는 것도 좋을 것 같다. 이런 면에서 현풍 곽씨는 느티나무가 제격이라고 할 수 있다.

삼가헌 박성수 선생과
파회마을 탱자나무

달성군 하빈면 묘골은 사육신의 한 분으로 유일하게 혈손(血孫)을 보전한 취금헌 박팽년(1417~1456) 선생의 후손들이 사는 순천 박씨 집성촌이다. 선생은 충남 회덕에서 태어나 1434년(세종 16) 문과에 급제, 충청도관찰사를 거쳐 형조참판으로 있을 때 단종복위운동을 주도하다가 아버지 박중림과 동생 대년(大年), 아들 헌(憲)·순(珣)·분(奮) 등 삼대가 참화를 입은 분이다.

1691년(숙종 17) 관작이 회복되고, 1758년(영조 34)에 이조판서에 증직되었으며 시호는 충정(忠正)이고 영월 장릉(莊陵, 단종의 능)의 충신단(忠臣壇), 대구의 낙빈서원 등에 제향되었다.

취금헌이 후손을 보존할 수 있었던 것은 둘째 아들 박순의 부인 성주 이씨로부터 비롯되었다. 친정이 묘골인 이 씨는 친정 가까운 대구로 자원해 관비(官婢)로 와 있었다. 이때 이미 임신 중이었고 때마침 해산을 하니 아들을 낳았다. 공교롭게도 친정집의 여종은 딸을 낳았다. 그 때까지만 해도 역적의 여인이 아들을 낳으

삼가헌 박성수 선생이 심은 탱자나무

면 죽이고 딸을 낳으면 관청의 종으로 보내야 했다.

이때 두 사람은 아이를 바꾸어 길렀다. 그러나 역적의 손자인 만큼 드러내놓고 키울 수는 없었다. 이름도 짓지 못하고 박 씨 성을 가진 종이라 하여 박비(朴婢)로만 불렀다.

그 후 비가 청년이 되었을 때 이모부인 이극균(李克均)이 경상도 관찰사(재임기간 1493~1494)로 왔다. 그는 묘골을 찾아와 비를 붙들고 눈물을 흘리며 '언제까지 이렇게 숨어 살 수 있느냐 자수하여 떳떳하게 살자' 고 했다. 성종(成宗)은 그를 용서하고 충신의 자손이라며 오히려 칭찬하고 이름 일산(壹珊)을 하사하고, 사복시(司僕

삼가헌 사랑채

侍, 궁중의 가마와 말을 맡아보던 관청)의 책임자 벼슬을 내렸다.

이후 대구에 터를 잡은 순천 박문은 충신의 후예답게 임란 시 선무원종공신 3명 등 많은 인물이 배출되고 태고정, 도곡재, 삼충각을 비롯한 뜻 깊은 문화재를 남겼다.

500여 년의 역사를 간직한 묘골을 둘러보고 파회에 있는 삼가헌(三可軒, 중요민속자료 제104호)을 찾았다. 취금헌의 11대 손 박성수(朴聖洙 1735~1810)가 1769년(영조 45)에 지은 별채가 있는 곳이자, 대구에서는 유일하게 전통기법으로 조성한 연지(蓮池)가 있고 인기 드라마 '토지'를 촬영했던 곳이다.

공은 풍모가 수려하고 용기가 탁월하며, 학문이 높고 특히 경세에 해박하고 장서를 많이 보유했다고 한다. 저서로 〈고금인감(古今人鑑)〉이 있으며 벼슬은 첨중추(僉中樞) 겸 오위장(五衛將)을 지냈고 가선대부 이조참판에 증직되었다.

공은 이곳 파회(坡回)를 친구들과 어울려 시도 짓고 담소하는 공간으로 사용하다가 둘째 아들 광석(光錫 1764~1845)이 호조참의, 한성부 우윤 등 벼슬에서 물러나 낙향하자 이 집터를 물려주었다. 그 뒤 광석은 1826년(순조 26) 초가를 헐고 정침과 사랑채를 새로 지었으며 안채로 들어가는 중문은 초가를 그대로 두었다.

삼가헌은 중용에서 따온 말로 '천하와 국가를 다스릴 수 있고, 관직과 녹봉도 사양할 수 있으며, 날카로운 칼날 위를 밟을 수도 있지만 중용을 지키기는 어렵다.(天下國家可均也 爵祿可辭也 白刃可蹈也 中庸不可能也)' 는 뜻으로 선비가 갖추어야 할 세 가지 덕목(知, 仁, 勇)이라고 한다.

아름다운 별당인 하엽정(荷葉亭)은 광석의 손자 하정(荷亭) 박규현(朴奎鉉)이 집을 지으면서 흙을 파낸 자리를 못으로 꾸미고 서당 건물을 앞으로 옮겨 누마루를 한 칸 달아내고 못에는 연을 심고 가꾸었다. 하엽정이란 이름도 여기서 연유한다.

규모는 작지만 못을 네모지게 하고, 가운데 둥근 인공 섬을 조성하여 방지원도(方池圓島)의 전형적인 우리나라 연못형식을 취했다.

많은 선비들이 연꽃을 좋아하는 것은 진흙 속에 살아도 더러움에 물들지 않고, 요염하지 않으며, 속은 비어 있는데 겉은 꼿꼿하고, 가지를 치지 않으며, 멀리 갈수록 꽃향기가 더 맑기 때문에 꽃 중에 군자(君子)라고 했던 송나라 주돈이(周敦頤)의 애련설(愛蓮說)의 영향이 크다.

규현이 정자 이름을 여느 선비들처럼 군자정이나 연정(蓮亭)이라 하지 아니하고 굳이 하엽정(荷葉亭)이라고 고집한 것은 꽃보다 잎을 더 사랑하고자 했던 데서 비롯된 것 같다.

실제로 어떤 시인은 깊은 밤 연잎에 떨어지는 빗물 소리가 하도 정겨워 자다가도 벌떡 일어나 연못가로 나간다고 했다. 공은 눈으로 보는 것과 달리 마음으로 시정(詩情)을 느끼고자 했던 것 같다.

삼가헌은 별채를 마무리하고 매화나무, 굴참나무, 탱자나무를 심었다. 그러나 매화는 죽고 탱자나무와 굴참나무만 240여년이란 오랜 세월을 버티며 아름다운 이곳을 지키고 있다.

남평 문씨 본리세거지 수백당의 노란해당화

옛 사람들의 나무 문화를 이해하기 위해 전통마을이나 종가를 찾아다니는 일은 재미있기는 하지만 쉽지는 않다. 몸이 매여 있어 아무 때나 시간을 낼 수 없는 입장에서는 더욱 그렇다. 꽃이 피는 나무의 경우 절정일 때 보는 것이 가장 좋은데 화무십일홍이라는 말처럼 잠시 피었다가 지기 때문에 시간을 맞추기가 어렵기 때문이다.

그것은 가까운 곳이거나 먼 곳이거나 마찬가지다. 달성군 화원읍 인흥의 남평 문씨 본리세거지(대구시 민속문화재 제3호)의 경우도 예외가 아니었다.

인흥은 삼우당 문익점 선생의 18대손 인산재 문경호(文敬鎬 1812~1874)가 1870년경에 개척하여 오늘날까지 일족이 모여 사는 집성촌이다.

배산임수의 전형적인 길지임에도 서쪽의 허한 부분에 나무를

노란해당화

심어 비보(裨補)하고 일찍부터 도시계획개념을 도입하여 마을을 반듯하게 조성했으며 조선 후기 건축양식의 9가구 70여 채의 살림집과 재사 2곳, 문고 1동이 있는 전통미가 물씬 풍기는 곳이다.

대표적인 건물 수백당은 주로 손님을 맞이하거나 일족의 모임 장소로 이용하는 곳이고, 광거당은 자녀들을 교육시키는 공간이며, 인수문고는 많은 서적을 보관하고 있는 문중도서관이다.

외부 손님을 맞거나 종중에서 열리는 모임에 활용되는 수백당

특히, 세거지 입구의 수백당(守白堂)은 규모도 크거니와 소나무와 배롱나무, 수석 등을 조화롭게 꾸민 정원이 아름다운 곳이다.

이곳 뒤곁에 5월 초순 노란색 꽃이 피는 나무가 있다. 오래 나무와 접해왔고, 천리포수목원 등 국내 수목원은 안 가본 데가 없다시피 헤매고 다녔는데도 처음 보는 나무였기에 호기심은 더 컸다. 〈한국수목도감, 1992, 산림청〉에 '노란 해당화'로 등재되어 있었다.

'장미과로 지리적으로 중국, 몽고, 터키, 아프카니스탄에 분포

하며 우리나라에는 중국으로부터 도입되어 전국의 정원과 사찰에 식재하고 있는 낙엽활엽관목으로 높이 3m정도 자란다.

토심이 깊고 비옥하며 배수가 잘 되는 적윤(適潤)한 곳에서 번성하고 내한성이 강하여 전국 어디서나 월동이 가능하며 내음성은 약하여 양지에서만 개화가 된다.

번식은 봄철에 지난해 자란 가지를 삽목하고 여름철에는 당년에 생장한 가지를 이용하여 녹지(綠枝) 삽목으로 증식한다.'

그러나 해설과 달리 다소 그늘진 이곳에서도 잘 자라고 있었다. 이 나무가 귀한 것은 우리나라에서 가장 많은 나무를 모아 놓은 국립수목원의 보유식물 목록에 없는 것에서 확인할 수 있다.

자세히 살펴보니 여러 개의 줄기가 모여 있었다. 언젠가 주인에게 양해를 구해 일부를 대구수목원에 옮겨 심어 많은 시민들이 보도록 하고 또 널리 보급하고 싶었다.

그러나 일 년 중 꽃 피는 시기가 5월 초순에 한정되고, 다른 일로 바빠 마음먹은 대로 실행하지 못하고 있었다. 지난 4월 하순 모 음악회에서 우연히 중곡 문태갑 선생을 뵈올 수 있었다. 서울에서 오랫동안 언론인으로, 공직자로 활동해 오시다가 은퇴 한 후 문희갑 전 시장과 함께 줄곧 고향 마을을 지키고 있는 분이다.

별안간 '노란해당화' 생각이 났다. '선생님, 수백당의 노란해당화가 지금쯤 개화할 것 같은데 집에 가시면 확인해 보고 전화 좀 주면 좋겠습니다.'라는 말로 인사를 대신했다.

그러나 며칠이 지나도 전화가 없었다. 시중에는 해당화가 한창 피고 있어 조바심은 더욱 커졌다. 평소 가깝게 지내고 있는 김상기님에게 전화를 걸어 직접 가보자고 했다.

아쉽게도 꽃이 지고 있었으나 그런대로 사진은 담을만했다. 현장을 보고 있는 사이 중곡 선생도 나오셨다. 잊고 있었다고 하며 구한말 유학자이자 상해임시정부에 독립자금을 지원했던 문영박(文永樸 1897~1930) 선생의 아들 5형제 중 맏이 문시채(文峕采 1897~1964)가 건축을 주관하며 심은 것 같다고 했다.

그러나 참으로 다행인 것은 집안의 문희목님이 가지 몇 개를 잘라 꺾꽂이를 했는데 그 중 일부가 자라 대를 이을 수 있도록 묘목을 확보해 놓았다.

명문은 스스로 드러내지 않더라도 나무 한 그루 심고 가꾸는 정성에서 알 수 있을 것 같다는 생각이 들었다.

하류에 보(洑)가 설치되면서 '달성습지'가 망가졌다는 소문과 '상화대십경(賞花臺十景)'이라고 새로 세운 비를 확인하기 위해 화원동산을 찾았다.

특히, 상화대십경비는 본래부터 상화대로 불렀던 화원동산을 언제부터인가 배성(盃城)으로 잘못 불리는 것이 안타까워 '달구벌 얼 찾는 모임'이 문제를 제기하고 대구시시설관리공단(당시, 이현희 이사장)이 설치한 것으로 화원동산의 유래를 바로잡기 위한 것이었다.

오류의 원인은 성(城)이 있는 산의 우리말 이름 '잣뫼'를 술잔을 일컫는 '잔뫼'로 해석하여 '잔(盃)'과 같이 생긴 '뫼(山)'로 오해한 데서 비롯된 것 같았다.

그러나 이 산은 동서남북 어디에서 보아도 술잔같이 생기지 않았고 오히려 엎어 놓은 바가지 같을 뿐이다.

한자로 성산(城山)으로 표기한 것에서도 '잣뫼'가 성이 있는 산이라는 것을 알 수 있다.

땅 이름은 그 지역의 지형, 역사, 문화 등 정체성을 담는 그릇이다. 따라서 본래 이름을 되찾는 것은 의미가 크다고 할 수 있다.

정상에 오르니 감탄사가 절로 나왔다. 정비하기 전에는 탁한 금호강 물과 맑은 낙동강 물이 확연히 구분되었는데 지금은 차이가 없고 달성습지도 지형만 약간 달라졌을 뿐 일부는 그대로였다.

내려오다가 문화관광해설사로 활동하고 있는 강영옥님을 만났다.

조선 후기 대구의 거유로 이곳에 은거하며 후학을 지도하고 시 '주유낙강상화대(舟遊洛江賞花臺)'를 지은 임재(臨齋) 서찬규(徐贊奎 1825~1905) 선생의 유적을 알고 있느냐고 물었더니 모른다고 했다.

임재가 상화대를 노래 한 시문은 다음과 같다.

同舟泛夜月烟水浩湯湯
逝者夫如斯萬折必東洋
湖山猶古今風物孰主張
伊洛接泗洙寤寐寓羹墻
前修遊賞地千載姓名香
媿我無勤力心田日就荒
賴有良朋在皓首共相將
芷蘭暎芳洲採採不盈筐
悵望何所思美人天一方
楚辭歌數闋悽悽空斷腸
江村鷄欲唱回棹復引觴

상화대 십경비

같은 배로 달밤에 뜨고 보니 안개 피는 강물은 넘실넘실 넓구나

흘러가는 것들은 무릇 이와 같아서 만 구비 꺾인대도 동쪽 바다에 이르는 법

호수와 산은 예나 지금이나 같으니 이 경관 누가 주재했으랴

이락과 사수 인접해 있어 자나 깨나 잊을 수 없다네

선현께서 놀이하고 감상하던 곳 천년토록 그 이름 향기롭구나

부끄럽도다! 나에겐 부지런함이 없어, 마음 밭은 날마다 거칠어 가네

다행히 좋은 벗이 있어, 흰머리 되도록 함께 도왔네

지란이 향기로운 섬에서 반짝이기에 캐고 캐지만 광주리에 차지는 않네

쓸쓸이 바라보며 무슨 생각하는가, 미인께서는 하늘 저쪽에 계시는 것을

임재 서찬규 선생이 심은 것으로 보이는 회화나무

초사를 몇 곡절 마침에 슬프디 슬퍼서 애간장만 저미네
강마을 닭이 울려 하기에 노를 돌리며 다시 술잔을 잡는다.

공은 본관이 달성으로 아버지 홍렬(洪烈)과 어머니 홍해 배씨 사이에 1825년에 태어나 홍직필(洪直弼)에게 글을 배웠다.

1846년(헌종 12) 생원시에 합격, 다섯 번이나 천거되고 암행어사의 추천도 받았으며, 1883년(고종 20) 의금부도사에 제수되었으나 모두 나아가지 않고 오직 진리를 탐구하고 후진 양성에만 심혈을 기울였다.

최익현 등과 경전에 대한 질의와 한말의 사회·정치적인 문제를 토론하기도 하였다.

일본의 침략에 대비하기 위해 경상도일원에 성을 수축할 것을 제의하였으며, 이기설에 대하여는 이기일원론(理氣一元論)을 지지하였다. 1905년 나라가 어수선한 해 돌아가셨다. 저서로는《임재집》이 있다.

화원동산 입구 다소 퇴락한 기와집이 있어 강 선생과 함께 들렀더니 임재가 제자를 가르치던 낙동정사(洛東精舍)였다.

유학자의 강학 공간답게 뒤꼍에 그가 심고 가꾸었을 학자를 상징하는 큰 회화나무가 있었다. 관리인에게 물었더니 7~8년 전까지만 해도 유림들의 발길이 끊어지지 않았다고 한다.

경판(經板)이 많이 있었는데 언젠가 타처로 이송되었다고도 했다. 선생은 남인의 고장에 살면서도 학문적으로는 기호학파의 입장을 지지했다. 더 이상 본디 아름다운 이름 '상화대(賞花臺)'가 잔뫼 또는 배성(盃城)으로 불리는 일이 없었으면 한다.

영화감독 이규환의 〈임자 없는 나룻배〉와 사문진의 팽나무

오랜 역사를 간직한 사문진(沙門津)이 새로운 모습을 선보이고 있다. 낙동강 정비 사업으로 주변을 깨끗이 정리하고, 아주 단출하지만 주막을 꾸며 놓았으며 강물이 많아지고 강폭이 바다같이 넓어져 옛 모습과 완전히 달라졌기 때문이다.

신라시대에는 왕의 행궁이, 고려시대에는 불교문화가 융성했던 곳이고, 조선 전기에는 왜물고(倭物庫)를 설치해 대일무역 중심지였으며, 중기에는 상화대를 찾는 시인묵객들로 시문학이 꽃핀 장소이다. 후기에는 낙동강 수운을 이용해 쌀, 소금, 생선, 석유 등 생필품이 유통되던 물류는 물론 우리나라 최초로 서양악기 피아노가 들어온 곳이며, 일제강점기에는 나운규의 아리랑과 더불어 우리 영화사에서 대표작으로 꼽히는 〈임자 없는 나룻배〉의 촬영지였던 곳이다.

사문진은 모래(沙)가 있는 물류가 드나드는 곳이라는 데서 유래되었다는 설과 불법을 배우려는 사람들로 붐비던 곳이라는 설이 있다.

그러나 모래톱이 있는 전국의 수많은 포구 중에서 사문진(沙門津)이라는 이름이 없는 것을 볼 때 일연스님이 주석했던 인흥사를 드나들던 많은 사부대중들 때문에 비롯된 것으로 보인다. 특히, 〈임자 없는 나룻배〉는 향토 출신 이규환 감독이 직접 시나리오를 쓰고 메가폰을 잡은 작품이기에 더 뜻 깊은 곳이라고 할 수 있다.

이 감독은 1904년 중구 인교동에서 아버지 이근수와 어머니 장옥진 사이에서 외동아들로 태어나 서울에서 자랐다. 어린 시절 찰리 채플린의 작품을 보며 영화에 눈을 뜨기 시작했다고 한다. 서울의 보정학교를 나와 휘문중학교를 다니다가 대구로 내려와 계성학교에 편입했다.

4학년 때 3·1운동에 가담했다가 경남 밀양으로 피신 2년 간 숨어 살았다.

다시 대구로 돌아온 그는 영화감독이 되겠다는 꿈을 안고 일본으로 건너가 동경의 영화예술연구소에서 6개월 동안 기초수련을 마친 다음 돌아왔다.

1927년 미국으로 가기 위하여 부산에서 화물선을 타고 상해로 떠났다가 포기하고 다시 일본으로 건너갔다.

경도의 신흥키네마촬영소에 입소, 몇 달 동안의 수련 끝에 조감독으로 임명되어 3년 가까이 연출수업을 닦았다.

1932년에 다시 서울로 돌아온 그는 첫 작품 〈임자 없는 나룻배〉

수많은 이야기를 간직하고 있는 사문진 나루터의 팽나무

영화 〈임자 없는 나룻배〉촬영지 기념표석

를 발표함으로써 영화감독으로 데뷔했다.

영화의 줄거리는 '홍수로 농토를 잃은 수삼이 아내와 함께 서울로 가서 인력거를 끈다. 그러나 출산을 앞둔 아내의 입원비를 마련하고자 물건을 훔치다가 감옥에 가게 된다. 한편, 그가 감옥에 있는 동안 아내는 다른 남자와 정을 통해 떠나버리고, 홀로 남은 수삼은 출옥 후 딸과 함께 고향으로 돌아와 나룻배 사공이 되었다. 10년 후, 강을 가로지르는 철교가 생기고 수삼은 다시 일자리를 잃게 된다. 그러던 어느 날 철교 건설기사가 딸을 겁탈하려 하자, 격분한 수삼은 기사와 사투를 벌인다. 이때 넘어진 등잔불이 번져 딸이 죽고, 수삼 역시 마주 오는 기차에 치어 목숨을 잃고 강 아래에는 임자 없는 나룻배만 슬프게 떠다닌다.'는 것이다.

이 작품은 일제에 항거하는 민족정신과 리얼리즘정신을 뒷받

침한 우리 영화의 대표작이라는 평가를 받았다.

이어서 〈밝아가는 인생〉, 〈바다여 말하라〉 등 여러 편을 만들었으나 조선총독부의 협조를 거부하고 영화계를 등지게 된다. 그 후 강제 징용되어 중노동을 하다가 제2차 세계대전이 끝나자 다시 영화계로 돌아왔다. 〈돌아온 어머니〉 등 광복의 감격을 영상화한 것과 〈춘향전, 1950〉, 〈심청전, 1956〉, 〈평양기생 계월향, 1962〉, 〈상처받은 여인, 1963〉 등의 작품을 계속 연출했다. 그러나 1962년 〈남사당〉을 마지막으로 1982년 작고하니 향년 78세였다.

그는 일생 동안 단순한 오락이나 상업주의적인 영화의 테두리를 벗어나 리얼리즘영화를 우리 영화계에 정착시키는 데 이바지했다고 평가 받는다.

그가 〈임자 없는 나룻배〉를 촬영하기 위해 세트장을 만들었던 사문진에는 최근 달성군에서 〈영화 임자 없는 나룻배 촬영지〉라는 표석(標石)을 설치했다.

그러나 그 이외에는 그를 기억할 수 있는 것은 아무것도 없다. 다행히 팽나무가 한 그루 우뚝 서 있다. 어부들이 배를 매는 나무라고 하여 일명 포구(浦口)나무라고도 한다.

이 나무야말로 나룻배와 더불어 한국의 대표 영화감독 이규환을 기억하지 않을까 한다.

시대를 초월한 수신서《명심보감》의 편찬자 노당 추적 선생과 인흥마을 왕버들

언젠가 모 처에서 이런 이야기를 들었다. 광산 김씨의 종손(?)이자 방송인인 김병조 씨가 대만을 갔었다고 한다. 그는 그곳에서 현지 대학의 한 교수를 만났다.

대한민국의 유명 방송인을 알아본 그가 '달성군 화원에 있는 인흥서원을 가 보았느냐'고 물었다고 한다. 조금은 이 엉뚱한 질문에 당황한 김병조 씨가 '무슨 말이냐'고 되물었더니 그가 말하기를 '당신은 명문가의 후예답게 방송 중《명심보감》을 자주 인용하는데 그 책을 인쇄한 판본이 대구 인흥서원에 있어 나는 가보았는데 당신도 가보았을 것 같아 물어 본다.'고 했다 한다.

이야기를 들은 김병조 씨가 몹시 당황했다고 한다. 왜냐하면 한 번도 방문한 적이 없었기 때문이었다.

이 일화는 대구사람이라 하여 크게 다르지 않을 것 같다는 생각이 든다.《채근담》과 함께 대표적인 수신서(修身書)인《명심보감》의 판본이 보관된 곳이자 편찬자 추적을 기리는 서원이 대구에

인흥서원 입구에 서 있는 왕버들

있다는 사실을 아는 사람이 그리 많지 않기 때문이다.

계선(繼善) 즉 '착한 일을 이어가라'는 편을 비롯해 총 19편으로 구성된 《명심보감》은 '마음을 밝게 하는 보배로운 거울'이라는 뜻을 담아 제작된 책이다.

끊임없는 자기 수양을 통해 바른 사회인이 되는 것을 목표로 하여 여러 고전에서 금언과 명구를 가려 뽑아 만들어진 책이다.

주로 한문을 배우기 시작할 때 가장 기초가 되는 《천자문》을 익힌 다음 《동몽선습》과 함께 교재로 사용되던 책이나 성인들도 집에 비치해 두고 수시로 보는 책이다.

명심보감 판본(대구시 유형문화재 제37호)

편찬자 추적(秋適)은 본관이 추계(秋溪, 경기도 용인시 양지면 추계리)로 아호는 노당(露堂)이다. 1246년(고종 33)에 태어났다. 충렬왕 초 과거에 급제하여 안동서기, 직사관을 거쳐 좌사간에 올랐다. 1298년(충렬왕 24) 환관 황석량이 권세를 이용하여, 자신의 고향인 합덕부곡(현 충청남도 당진군 합덕읍)을 현으로 승격시키려고 할 때, 그 부당함을 들어 서명을 거부하자 그의 참소로 순마소(巡馬所, 감찰기관)에 투옥되었다. 뒤에 풀려나와 용주(龍州, 신의주 부근)의 수령을 역임하였다.

충렬왕 말년 안향에 의하여 발탁되어 이성, 최원충 등과 함께 관리와 생원들에 대한 교육을 담당하였다. 이때 시대를 초월해 인간으로서 지켜야할 도리가 담긴 교양서 《명심보감》을 편찬하였다.

예문관(임금의 칙령과 교시를 기록하던 관청) 제학에 이르러 물러났다. 1317년(충숙왕 4) 돌아가니 향년 71세로 대구의 인흥서원, 부여의 충현사에 제향되었다.

인흥서원은 1825년(순조 25)에 세워졌다. 회암 추황(秋篁), 노당 추적(秋適), 운심재 추유(秋濡), 세심당 추수경(秋水鏡) 등 네 분을 제향하고 있다.

특히, 장판각에 보존 중인 명심보감 판본(대구시 유형문화재 제37호)은 국내에서는 유일한 것으로 1869년(고종 6) 후손 추세문에 의해 국역되어 널리 보급되었다.

그 후 중국어, 일본어, 영어로도 번역되어 한국학 연구의 귀중한 자료가 되었다.

이 《명심보감》을 두고 혹자는 1393년 중국의 범입본(范立本)이 편저자라고 주장하기도 하나 책이 편찬된 것으로 추정되는 시기가 1305년 또는 1315년이라고 볼 때 무려 88년 내지 78년 차이가 나는 것으로 보아 노당의 편찬이 확실하다고 한다.

오늘날의 세태가 그러하듯 한때 선비들로 붐볐던 전국의 많은 서원이 명목만 겨우 유지되고 있다. 따라서 건물만 덩그러니 유지되고 있을 뿐 문이 굳게 닫혀 있기 마련이나 이곳은 다르다.

소보중학교 교장을 마지막으로 교직에서 은퇴한 후손 추연섭 옹이 91세라는 적지 않는 나이에도 건강한 모습으로 서원의 내력과 명심보감의 가치를 자세히 설명해주고 있다.

최근 달성군 화원읍 본리 마을이 뜨고 있다. 이 서원과 더불어 남평 문씨 본리세거지 이외 이렇다 할 볼거리가 없었으나 얼마 전 화원휴양림이 들어서고, 산동네 마비정이 벽화마을로 전국에 알려지면서 각지에서 온 사람들로 찻길이 비좁을 정도다.

그러나 동양최고의 수신서라는 명심보감의 산실인 이곳은 그냥 지나치는 사람이 많아 서원 입구의 큰길가의 왕버들을 '노당추적나무'라고 이름을 붙여 안내판을 대신하고 싶다.

파평인 아암 윤인협 선생과
아름다운 정자 영벽정 회화나무

동쪽에 금호강을 남서쪽에 낙동강을 두고 있는 다사는 비옥한 토지와 풍부한 용수(用水)로 일찍부터 농경문화가 발달한 살기 좋은 곳이자 삼국시대에는 대가야와 국경을 마주한 군사요충지였다.

경관 또한 수려해 금호강 하류 선사일대는 고운 최치원을 비롯해 한강 정구, 여헌 장현광, 낙재 서사원, 모당 손처눌 등 원근의 이름난 선비들이 뱃놀이를 즐겼던 곳이었고 다사팔경(多斯八景)도 있다.

제1경 선사조기(仙槎釣磯, 선사에서 낚시 놓기), 제2경 마령청람(馬嶺靑嵐, 멀리서 보이는 마령의 푸르스름한 기운), 제3경 낙강모범(洛江暮帆, 낙동강에서 해질녘 돌아오는 돛단배), 제4경 봉대석화(烽臺夕火, 마천산 봉화대의 저녁 불빛), 제5경 금호어적(琴湖漁笛, 금호강에서 들려오는 어부들의 피리소리), 제6경 방천철교(坊川鐵橋, 방천리 금호강 위를 지나가는 경부선 철교), 제7경 문산월주(汶山月柱, 문산의 달그림자), 제8경 강정유림(江亭柳林,

영벽정과 회화나무

강정의 버드나무숲) 이 그것이다.

20세기 초에 개통된 경부선철도가 등장하는 등 제정된 시기가 그리 오래되지 않은 것 같으나 특히 제7경의 문산월주는 영벽정(映碧亭)과 관계되는 선비들의 선유문화(船遊文化)가 특별했던 곳이다.

영벽정은 1573년(선조 6) 아암(牙巖) 파평인 윤인협(尹仁浹 1541~1597)이 세운 정자다.

강가의 갈대꽃이 붉게 물든다하여 처음에는 영홍정(映紅亭)이라 하였다고 한다.

월주를 즐겼던 영벽정 앞 낙동강

그 후 백구(白鷗)가 무리지어 노닐자 다시 영백정(映白亭)으로 바꾸었고, 이들이 날아가고 푸른 물결만 넘실거리자 마침내 영벽정(映碧亭)으로 확정한 것이 오늘에 이른다고 한다.

공은 참봉 윤응벽(尹應璧)의 아들로 1541년(중종 36) 서울에서 태어나 1568년(선조 1) 진사시에 합격했다.

본관은 파평으로 고려 예종 때 여진족을 정벌한 윤관 장군의 14대 손인 윤탕(尹宕)의 손자다.

윤탕은 상주목사로 재임(1524년)하던 중 경상도관찰사 성세창(成世昌)이 '송사를 바르게 하고 백성을 고르게 부린다'는 장계를 올려 임금으로부터 옷감을 하사받은 훌륭한 목민관이다.

공은 할아버지의 임지를 따라 영남으로 내려와 산천을 유람하다가 장차 살만한 곳을 잡으니 오늘 날 대구시 달성군 다사읍 문산리이다. 이때가 1571년(선조 4)이다.

이곳을 거처로 정하고 두 해 뒤 영벽정을 짓고 그 소회를 다음과 같이 노래했다.

南來形勝此江汀
老去捿遲築小亭
獨抱詩書閒臥久
風煙多意箇中停

남으로 내려와서 경치 좋은 곳이 이 강가이니
늙어감에 천천히 쉬게 작은 정자를 지었네.
홀로 시서를 안고 한가히 쉰지 오래이니
세상사 많은 의미 이 가운데 멈추네.

공은 당시 지역의 대표 문사였던 임하 정사철과 송계 권응인 등과 교유하였다. 임란 중에는 병으로 나아가지 못했고 1597년(선조 30) 돌아가시니 향년 57세였다.

저서로 《아암 실기》가 있다. 현재 공의 후손은 1,500여 세대로 번성했다고 한다.

월주(月柱)는 달기둥이라는 자구적인 해석과 달리 물 흐름에 따라 흔들리는 기둥같이 생긴 달그림자를 말한다고 한다. 영벽정에서는 한때 달밤에만 즐길 수 있는 월주의 신비스럽고 황홀한 경관을 완상하기 위해 '적벽강유회(赤壁江遊會)'를 열었다고 한다.

매년 음력 7월 17일 원근의 선비들 수 백 명이 모여 3일간 먹고 자면서 월주의 신비한 풍경을 즐겼다고 한다. 하필이면 가장 크고 둥글다는 8월 보름달이 아니고 왜 7월의 열이렛날의 달이었을까. 궁금하다.

낙동강 칠 백리 중에서 가장 아름답다는 '영남제일강산' 영벽정은 그 후에도 임재 서찬규, 심석 송병순, 전양군 이익필, 낙애 정광천 등 많은 시인 묵객들이 시문을 남겼다.

강정·고령보가 건설되면서 영벽정 앞의 낙동강은 바다처럼 넓어졌다. 그런데도 찾는 사람이 그리 많지 않다. 다만 경내의 오래된 회화나무만 시인묵객들의 발길이 끊어진 것을 아쉬워하고 있는 것 같다.

불운한 선비 용계 서변 선생과
가창 대일막마을 당산숲

이름을 무엇으로 부르는지 알 수 없으나 지금도 서울에는 지역 출신 중앙부처 공무원들의 모임이 있다.

이런 모임은 조선시대에도 있었으니 이른 바 동도회(同道會)가 그것이다. 동도는 같은 경상도 출신이라는 뜻이다.

1634년(인조 12) 영주 출신의 김영조(金榮祖)가 세자 책봉을 받기 위해 주청사(奏請使, 중국에 주청할 일이 있을 때 수시로 보내던 사신)의 부사로 갔다가 서해를 통해 귀국하던 중 험한 풍랑을 만나 어렵게 귀국하게 되었다.

이때 조정에 근무하고 있거나 성균관에서 공부하고 있던 경상도 출신 김효선(金孝先), 정언굉(鄭彦宏), 황상겸(黃尙謙), 이의준(李義遵), 김영조(金榮祖), 박경범(朴景范), 조희인(曺希仁), 권준(權濬), 민희안(閔希顔), 김경조(金慶祖), 여작(呂焯), 홍익한(洪翼漢), 성여춘, 최동집, 이지화(李之華), 김염조(金念祖), 김업, 강대수(姜大遂), 김요(金遼), 하진(河溍), 한극술(韓克述), 도신수(都愼修), 정사무(鄭思武), 이상일(李

용계 서변선생의 후손들이 살고 있는 대일막마을의 당산나무

相逸), 박안복(朴安復), 박정시(朴廷蓍), 김욱(金頊), 여효증(呂孝曾), 이유석(李惟碩), 서변(徐卞), 도신여(都愼輿), 김주, 조시일(曺時逸), 조균(趙稛), 심자광(沈自光) 등 35명이 모여 장원서(掌苑署, 대궐 안에 있는 정원의 꽃과 과일 나무 따위를 관리하는 일을 맡아보던 관아)에서 환영 연회를 베풀면서 조직한 모임이다.

출신 군으로는 영천(현, 영주) 7, 안동 2, 대구 5, 상주 4, 예천 4, 진주 1, 풍기 1, 함창 1, 성산(현, 성주) 3, 단성 1, 합천 4, 고령 1, 선산 1명이었다.

대구출신으로는 공조정랑 이지화, 성균 생원 최동집, 공청도사

효종 어전 희우시회 인물도
(대구시 유형문화재 제33호)

도신수, 한성 참군 서변, 진사 도신여이며 성씨별로는 전의 이씨 1, 경주 최씨 1, 성주 도씨 2, 달성 서씨 1 등이다.

이들은 훗날 나라를 위해 봉사하거나 후학을 양성하며 모범적인 삶을 사신 분들이지만 당시 막 급제하여 한성 참군으로 모임에 참가했던 용계 서변은 뒷날 억울하게 누명을 쓰고 뜻을 펴보지도 못하고 희생된 분이라 안타까움이 크다.

공은 본관이 달성으로 아호는 용계(龍溪)다. 1605년(선조 38) 아버지 사건(思建)과 어머니 안동 권씨 사이에서 산격동(山隔洞, 현 山格

洞)에서 태어났다.

어릴 때부터 글 읽기를 좋아했으며, 13살 때 모당 손처눌에게 글을 배웠다. 1630년(인조 8) 생원시에 합격하고 1633년(인조 11) 식년시(3년마다 정기적으로 시행된 과거) 문과로 급제하여 한성 참군이 되었다. 그 뒤 1635년 의금부 도사에 이어 경성 통판(通判)에 승진하였다.

1639년(인조 17) 황주 판관에 임명되었으나 노모를 모시기 위해 부임하지 않다가 다시 진해 현감으로 나아가 선정을 펼쳤다. 이후 성균관 전적, 연서도 찰방, 안주 판관이 되었다. 이때 어머니를 모시고 가서 회갑연을 베푸니 많은 사람들이 공의 효성에 감탄했다고 한다.

1651년(효종 2) 성균관 직강이 되었으며 관청의 경비를 줄이는 일, 바다를 방어하는 일 등에 대한 상소를 올리자 왕이 모두 받아들였다.

홍청도(현 충청도) 도사로 나갔다가 이듬해 예조정랑 겸 춘추관 기주관으로 있을 때 임금이 기우제를 지내고 이어 비가 오자 같이 있던 신하들에게 시를 짓게 했는데 이때 공이 일등을 했다.

1656년(효종 7) 천안 군수로 재직하던 중, 승지 유도삼이 인평대군에게 신하라고 지칭하였던 사실을 고발하였으나 효종이 형제간을 이간질한다하여 친히 국문하며 때린 매의 장독(杖毒)으로 돌아가시니 향년 52세였다. 저서로 《용계집》이 있다.

뒤에 신원(억울하게 입은 죄를 풀어줌)되어 예조참의를 추증받고, 옥계서원(대원군 때 훼철됨)에 향사되었다.

공은 소·대과를 합격한 정통 엘리트 출신 관료였을 뿐 아니라, 효종이 주관한 희우시회(喜雨詩會)에서도 일등 할 정도로 문재도 뛰어난 분이었다.

공이 고발한 당사자인 인평대군의 두 아들 정(楨)과 남(柟)이 1680년(숙종 6) 역모로 처형되어 공의 주장이 현실로 나타났다. 그러나 공은 이미 이승을 달리하였으니 통탄스럽기 그지없다.

멀쩡한 사람이 하루아침에 싸늘한 주검으로 변했으니 가족들의 슬픔은 무엇에도 비교할 수 없었을 것이다. 잘못된 옥사(獄事)가 아니었다면 나라를 위해 큰 공헌을 했을 인물이 효종의 판단 잘못으로 희생되고 말았다.

후손들이 화를 피해 들어와 살고 있는 가창 대일막 마을 당산에는 느티나무 6, 굴참나무 2그루가 억울한 공의 죽음을 위로라도 하듯 굳건히 서 있다.

달성인 운암 배진 선생과 전남 나주 용곡리 이팝나무

나무 몇 그루를 보기 위해 왕복 1,000리가 넘는 나주를 3번이나 방문했었다. 경비며 시간이 아깝지 않느냐고 반문할지 모르나 오히려 즐겁기만 하다. 옛 사람이 심은 나무는 어렵게 발견되는 화석처럼 그 속에는 역사의 흔적이 켜켜이 숨어 있기 때문이다.

따라서 그 나무가 보고, 느끼고, 겪은 수많은 이야기 중에서 단 한 가지나마 풀어내도 행운이라고 할 수 있다. 나주시 봉황면 용곡리 월곡마을도 그래서 찾았다. 500여 년 전 대구가 본향인 달성인 운암(雲巖) 배진(裵縉)이 심은 이팝나무(전라남도 기념물 제168호)가 오랜 세월의 풍파를 이겨내고 서 있기 때문이다.

월곡마을 유래비

달성 배씨의 시조 지타 문양공 후 중조 휘 현경 무열공은 고려 태조가 후삼국을 통일할 때 일등공신이고 그 후 19세 손 진(縉) 운암공은 학문과 덕망이 남다르게 뛰어남으로서 성균관 훈도로 천거되어 많은

운암 배진이 입향하면서 심은 이팝나무

제자를 배출하셨다.

진 운암공은 오백여 년 전 이곳에 입향하시어 마을 터를 잡아 월곡이라 하고 마을 중심에 이팝나무를 심고 그 후 느티나무도 심어 현재 마을 당산으로 활용하고 있다. 이팝나무는 수령 500여 년의 노거수로 매년 5월 상순경에 눈송이처럼 하얗게 꽃이 피면 웅장한 자태를 뽐낸다.

서기 1982년 12월 3일 전남도 지방문화재 10-21-13호로 지정되었다. 지금으로부터 200여 년 전 건립된 달성 배씨 제각이 있었으나 장구한 세월에 노후되어 서기 1920년에 재 복원하여 제각명을 원묘재라 칭하고 있다.

본 마을은 봉황면 소재지에서 남쪽으로 4킬로 거리에 있고, 명산인 덕룡산 줄기의 원림산 정기를 받아 옛날에는 부촌으로 인재가 많이

운암의 유허비

배출되었다. 지금도 근면성실과 융화단결로 넉넉한 인심을 지니고 출향인사까지도 애향심이 탁월하여 유대를 돈독히 하고 상부상조하는 모범적인 마을이다.

오랜 숙원이었던 마을 회관이 선정되어 서기 1998년 정부보조금 3,000만 원과 주민 및 출향인사들의 성금 1,300만 원 합계 4,300만 원이 소요되어 준공에 이르렀다. 마을 구성은 서기 1970년대에는 70여 호에 달했으나 지금은 달성 배씨 32호, 강화 최씨 2호, 평택 임씨 1호 등 35호가 정감있게 살고 있다. 현황은 총면적 69정보이고 임야 37정보, 답 18정보, 전 14정보이다.

비문을 그대로 옮겨 놓았다. 신라 여섯 촌장의 한 분인 금산가리촌(金山加利村)의 촌장이자 우리나라 모든 배씨의 시조인 지타공

(祇沱公)을 맨 머리에 소개해 달성 배씨의 연원을 밝힌 점, 이팝나무를 운암이 심었다고 강조한 점, 가구 수의 증감사항, 구성원의 성씨, 경지면적 등을 소상하게 기록해 놓아 향토사를 연구하는 사람들에게 귀중한 자료를 제공하기 때문이다.

배범수님이 오랜 세월에도 변하지 않도록 돌에 새긴 까닭은 후손들이 이글을 읽고 선대들이 그랬듯이 그들도 조선(祖先)을 잘 섬기고, 고향을 지키고, 사랑하며 살아갈 것을 당부하기 위해서일 것이다.

처음 정착한 분은 문종(文宗) 연간 문과에 급제해 성환 찰방을 지낸 배두유(裵斗有)였다고 한다. 공은 두문동 72현의 한 분인 충간공(忠簡公) 배문우(裵文祐)의 후손으로, 수양대군이 왕위를 찬탈하기 위해 무리를 모으는 것을 보고 장차 화가 미칠 것을 알고 가족을 데리고 능주(綾州, 화순) 대곡으로 은거했다고 한다.

얼마 후 수양이 실제로 단종을 몰아내자 외부활동을 중단하고 자연을 벗 삼아 은거했다고 한다.

후에 예조참판에 추증되었으며 아들 전생서(典牲署, 제물용 가축을 기르는 일을 맡아보던 관청)의 주부를 지낸 서(緖)가 있고, 손자 휴재(休齋) 배상경(裵尙絅)은 점필재 김종직의 문인으로 대과에 급제해 정주 목사를 지내고 청백리에 뽑혔다.

휴재의 장남 배진(裵縉)이 능주(화순) 대곡에서 나주 봉황면 월곡으로 이거해 오늘에 이른다. 이팝나무는 입하(立夏)를 전후해 피기 때문에 '입하'가 이팝나무로 변했다는 설과 꽃이 쌀밥의 옛

말 이밥과 비슷해서 '이밥'이 이팝나무가 되었다는 두 가지 설이 있다.

전국에는 더 크고 더 품격이 높은 천연기념물로 지정된 이팝나무가 몇 그루 있다. 그러나 심은 사람이 분명하게 알려진 나무는 이 나무밖에 없다. 이런 점을 볼 때 운암은 우리나라에서 이팝나무의 가치를 가장 먼저 이해한 분이자 또한 가장 먼저 조경수로 활용한 사람이라고 할 수 있다.

나무를 보면서 국가발전의 큰 걸림돌인 지역감정은 씨족을 통해서도 해소할 수 있을 것 같다는 생각이 들었다. 즉 본관지가 영남이거나 반대로 호남인 경우 시조 향사일 등에 어른들만 참석할 것이 아니라, 청소년들도 동행(아니면 방학 중 따로 시행해도 무방함)해 사는 곳은 달라도 한 뿌리임을 강조하면 혈연을 중심으로 결속력이 높아져 지역 간의 벽을 허물 수 있을 것이다.

재정형편상 문중이 부담하기 어렵다면 국가나 지방정부에서 지원해도 소모적인 경비라고만 탓할 수 없을 것이다.

가난한 이웃을 외면하지 않았던 류이주 선생과 구례 운조루 회양목

운조루(雲鳥樓, 중요민속문화재 제8호)를 최근에야 방문할 수 있었다. 명성을 익히 들어서 오래전부터 별러 왔지만 인연이 닿지 않았던 것이다. 섬진강 양안의 벚꽃이 흐드러지게 피는 어느 봄날 마침내 소망이 이루어졌다.

임귀희(한국인성예절교육원 원장), 권정순(계명대 교수, 한국민화연구소소장) 등 몇 분과 남도 쪽으로 탐매여행(探梅旅行)을 갔다가 들렀다.

우선 큰 규모에 놀랐다. 또한 영남지방의 반가와 달리 연못을 집 밖에 축조해 놓은 것도 특이했다.

특히, 류이주(柳爾胄, 1726~1797)선생이 끼니를 때우기 어려운 이웃 누구나 쌀을 퍼 가도 좋다는 뜻의 '타인능해(他人能解)'라고 써 두었던 쌀독부터 찾았다. 과연 쌀 두가마니 반이 들어간다는 큰 쌀통이 놓여있었다.

주인의 이러한 이웃에 대한 따뜻한 배려로 동학농민전쟁과 여순사건, 한국동란 등 사회가 혼란했던 시기에 가진 자들이 피해

운조루 사랑채 앞 회양목

를 입을 때에도 운조루는 온전할 수 있었다고 한다.

공은 문화 류씨 곤산군파 30대 류영삼(柳榮三)과 영천 최씨 사이에서 대구 동구 입석동에서 3남 중 둘째로 태어났다. 아호는 귀만(歸晩), 또는 귀만와(歸晩窩)였다.

어려서는 친구들과 몰려다니며 사냥을 즐기는 등 학문에 뜻을 두지 않았다고 한다. 그러나 부모에 대한 효심이 극진하고, 불의를 보면 참지 못하는 기개를 갖고 있었다.

17세에 서울로 올라가서, 1753년(영조 29) 28세에 무과에 급제했다. 1755년(영조 31) 총융사 홍봉한(洪鳳漢)이 공이 문경 새재에서 채찍으로 호랑이를 쫓아 보낸 일을 상세히 보고하자 영조가 불

운조루의 자랑 쌀독

러 당시 상황을 말하게 하고, 병서를 읽게 한 후에 등용하였다고 한다.

1767년(영조 43)에 수어청 파총(종4품의 무관직)이 되어 남한산성을 쌓는 일에 참가했다. 1773년(영조 49)에는 낙안의 세선(稅船, 나라에 바치는 곡식을 실어 나르는 배)이 부서져 조세가 제때에 올라오지 못하자 영조는 당시 낙안군수였던 공을 세미(稅米, 조세로 나라에 바치던 쌀) 이외에 다른 물품들을 함께 실어 배를 파손시킨 죄로 삼수로 유배시켰다.

이듬해 풀려난 공은 가족을 거느리고 전라북도 구례군 문척면 월평으로 갔다가 다시 토지면 오미리로 이주하였다.

공이 이주한 땅은 본래 지역의 토호인 재령 이씨 일가 소유였으며, 돌이 많고 척박하였으나 풍수지리로 볼 때 미녀가 금가락지를 떨어뜨린 형상의 명당으로 전해내려 왔다.

공은 이곳에 정착하기로 결심하고 훗날 조선시대의 대표적인 양반 주택으로 평가 받는 운조루(雲鳥樓)를 구상하기 시작하였다.

1776년(정조 1) 정조가 등극하면서 공은 가선대부 오위장으로 관직에 복귀하고 함홍성을 쌓는 업무를 맡았다. 이후 상주영장을 거쳐 풍천부사로 전직되었다.

공은 관직 생활 중 대규모 토목공사를 진행시킨 경험을 바탕으로 직접 운조루를 설계하고, 공사는 조카인 류덕호(柳德浩)가 맡았다. 운조루는 1776년(정조 1) 상량식을 가졌고 1782년(정조 6) 공이 용천부사로 있을 때 완성되었다고 한다.

긴 공사 끝에 99칸의 대저택이 완성되자 일가친척들을 모아 함께 살도록 하였으며 조카 류덕호를 양자로 맞아 재령이씨와 인척관계를 맺게 되면서, 운조루의 집터 또한 완전하게 양여받게 되었다고 한다.

운조루는 남한 3대 길지의 하나로 천상 옥녀의 금가락지가 땅에 떨어지는 금환낙지(金環落地) 형국이어서 대대로 부귀영화를 누릴 수 있는 터에 지어진 집이라고 한다.

대구 출신의 공이 낯선 이곳에 터를 잡은 것은 낙안군수로 재임할 때 지나치다가 점지해 두었던 것으로 보인다. 행랑채, 사랑채, 안채, 사당의 큰 집이었으나 지금은 55칸만 남아 있다.

정원도 잘 가꾸어져 매화와 동백꽃이 활짝 피어 집주인의 고아한 취향을 느낄 수 있었지만 가장 돋보이는 나무는 회양목이었다. 재질이 단단해 주로 도장 만드는데 쓰이고 가지가 조밀해 구획을 지을 때 울타리로 심는 늘 푸른 떨기나무다.

따라서 매년 짧게 전정을 해 그대로 자라도록 놔둔 나무는 쉽게 볼 수 없다. 그러나 운조루 회양목은 단목으로 심어져 있을 뿐 아니라 크고 굵었다. 건축 당시 심은 것으로 보이는데 그렇다면 수령이 230 여년 정도 된다.

본관지가 대구인 독립운동가 서재필 박사와 보성 가내마을의 뽕나무

대구가 본향인 대구 서씨는 본관지를 떠나 주로 서울에서 활동했고, 정치적으로는 서인 편에 섰던 집안으로 3대 정승과 3대 대제학을 연이어 배출한 진기록을 보유한 명문이다. 서종태(徐宗泰) 영의정, 서명균(徐命均) 좌의정, 서지수(徐志修) 영의정 등 3대에 걸쳐 정승이 배출되고 서유신(徐有臣)·서영보(徐榮輔)·서기순(徐箕淳) 등 3대가 대제학을 연임했다.

송재 서재필(1864~1951) 박사 역시 대구 서씨다. 그런 공이 남도에서 태어나고 그를 기리는 기념공원이 녹차의 고장 보성에 있다는 사실이 흥미로웠다. 보성을 찾아 〈서재필기념공원〉을 둘러보고 문덕면 가천리 가내마을로 향했다.

안내판이 조그만해 공원소장에게 자세히 묻지 않았다면 놓칠 뻔했다. 마을 역시 여느 시골과 다름없었다. 생가는 맨 안쪽, 넓은 공간에 사랑채와 안채, 별채 등이 짜임새 있게 배치되어 있었다.

서재필 박사 탄생설화를 간직한 뽕나무

이곳은 이조참판을 지낸 외증조부 이유원(李有源)이 살던 곳이다. 외조부 이기대는 3천 권의 장서를 보유한 학자로 많은 제자를 양성하였고 아들 이지용, 손자 이교문, 증손자 이일과 더불어 4대의 문집《가천세고》를 남겼다.

송재(松齋)는 1864년(고종 1) 서광효(徐光孝)의 둘째 아들로 이곳에서 태어났다. 7살 때까지 보성에서 자라다가 충청도 진잠현(현 대전시 유성구)의 7촌 아저씨 서광하(徐光夏)의 양자가 되었다. 이후 서울로 올라가 이조판서를 지낸 외삼촌인 김성근(金聲根)의 집에서 한학을 수학하고, 대과에 급제하여 교서관의 부정자에 임명되었다. 갑신정변에 참가해 병조참판에 임명되었으나 3일 천하로 실패하자 일본으로, 4개월 뒤 다시 미국으로 망명했다.

독립운동가 서재필 박사

이때 가족은 역적으로 몰려 부모·형·아내는 음독자살하고, 동생 재창은 참형되었으며, 두 살 된 아들은 굶어 죽었다고 한다.고학으로 조지워싱턴대학교에 수학하여 모교의 병리학 강사가 되고, 미국 철도우편사업의 창설자 암스트롱의 딸과 결혼하였다. 갑오경장으로 역적의 죄명이 벗겨지자 귀국하여 중추원 고문에 임명되었다.

1896년 우리나라 최초의 민간신문 〈독립신문〉을 창간하고, 독립협회를 조직하여 고문이 되었으며, 이듬해 영은문을 헐고 독립문을 건립하였다. 이후 3·1운동이 일어나자 전 재산을 내놓고 독립운동에 투신했다.

상해임시정부의 구미위원회위원장의 자격으로 필라델피아에

구미위원회 사무실을 설치하고 영자신문 〈인디펜던트〉를 간행하여 독립을 위한 언론 활동과 외교 활동에 온 정력을 쏟았다. 재산을 독립운동에 다 소진하여 더 이상의 활동이 어렵게 되자, 다시 펜실베이니아대학의 강사로 나가는 한편, 여러 병원의 고용의사가 되기도 했다.

광복이 되자 미군정 장관 하지(Hodge, G. R.)의 요청을 받아 1947년 군정청 최고정무관이 되어 귀국하였다. 그러나 대한민국정부 수립이 선포되고 미군정이 종식되자 다시 미국으로 돌아가 1951년 그곳에서 돌아가셨다. 1977년 대한민국장이 추서되었다.

송재의 출생에는 재미있는 일화가 있다. 어머니 성주 이씨가 어느 날 큰 황룡(黃龍)이 초당 옆 바위 사이에 있던 뽕나무를 휘감고 하늘로 올라가는 꿈을 꾸었다. 태몽임을 직감한 어머니는 그 뽕나무 잎을 전부 따서 갈아 마시고 먼 곳에 있던 남편을 오도록 하여 그 날 밤 잉태했다고 한다. 송재가 태어나던 그날, 공교롭게도 남편 역시 급제하니 집안에 겹경사가 있다하여 처음 이름은 쌍경(雙慶)이었다고 한다. 현재 송재가 태어난 초당에는 뽕나무가 자라고 있다. 당초 것은 6·25 때 불에 타 죽고 2003년 새로 심은 것이다. 노랗게 단풍이 들어 찾아간 나그네를 즐겁게 해 주었다.

뽕나무의 단풍이 이렇게 아름다운 줄 새로 알게 되었다. 격동의 시대에 온몸으로 조국의 자주독립을 위해 몸부림쳤던 선생의 일생에 비하면 생가나 공원은 너무 조용했다. 벌교로 가서 별미 꼬막으로 점심을 먹고 낙안읍성, 조정래문학관을 보고 돌아왔다.